À toi,
ma sœur
tendre et
chérie

Californie,
avril 1979

**Lettre ouverte
aux vivants
qui veulent le rester**

DU MÊME AUTEUR

Aux Presses de la Cité

LA NUIT DES TEMPS, *roman*.
LES CHEMINS DE KATMANDOU, *roman*.
LE GRAND SECRET, *roman*.
TARENDOL, *roman*.
COLOMB DE LA LUNE, *roman*.
LES ANNÉES DE LA LUNE, *chroniques*.
LES ANNÉES DE LA LIBERTÉ, *chroniques*.
LES ANNÉES DE L'HOMME, *chroniques*.

en collaboration avec Olenka de Veer

LES DAMES A LA LICORNE, *roman*.
LES JOURS DU MONDE, *roman* (suite des *Dames à la Licorne*).

Aux Éditions Denoël

RAVAGE, *roman*.
LE VOYAGEUR IMPRUDENT, *roman*.
CINÉMA TOTAL.
LE DIABLE L'EMPORTE, *roman*.
JOURNAL D'UN HOMME SIMPLE.
LA FAIM DU TIGRE.

Aux Éditions Flammarion

LE PRINCE BLESSÉ, *nouvelles*.

Aux Éditions Garnier

SI J'ÉTAIS DIEU...

RENÉ BARJAVEL

Lettre ouverte aux vivants qui veulent le rester

Albin Michel

La collection « Lettre ouverte »
est animée par Jean-Pierre Dorian

© Éditions Albin Michel, 1978
22, rue Huyghens, 75014 Paris
ISBN 2-226-00594-3

Vous êtes vivant !
Vivante !
Vivants !...
Cela ne vous étonne pas...

Vivants ? Oui, bien sûr, et alors ? Quoi de plus ordinaire ? Vivre, on ne fait que ça du matin au soir et même en dormant !... Sans avoir besoin d'y penser... Ça coule tout seul... Vivants ? Oui, bon, tant mieux bien sûr, mais il n'y a pas de quoi s'ébahir...

Eh bien si ! Justement si ! Il y a de quoi...
Vivre, ce n'est absolument pas **ordinaire.** C'est inexplicable, fantastique, phénoménal.
C'est, surtout, exceptionnel.
La Terre est un globe composé de six mille milliards de milliards de tonnes de matière non vivante, sur laquelle est plaquée une impondérable poussière : le vivant. Pour obtenir l'être humain, il a fallu, au départ, que quelques

molécules non vivantes reçoivent tout à coup la puissance et l'organisation incompréhensibles de la vie. Et à partir de là, **trente millions de siècles** d'inventions, de tâtonnements, d'hésitations, d'erreurs, de choix, de rejets, de perfectionnements, de mise en ordre !

Que vous soyez croyant ou non, que vous pensiez être le fruit du hasard et de la nécessité, ou celui de la volonté obstinée d'un créateur, cela ne change rien à ce qui s'est passé de la première amibe à vous, au prodigieux processus de mises au point successives qui ont abouti à ce que vous êtes, ce que nous sommes : un homme, une femme. Vivants.

Un être humain vivant, qu'est-ce que c'est ?

Pour mieux le comprendre, prenons-le à la source. Source est bien le mot qui convient. Une source jaillissante qui lance dans le canal féminin huit cents millions de têtards à la longue queue vibrillonnante : l'armée aquatique des spermatozoïdes partant à la conquête de l'ovule unique. Chaque fois qu'un homme et une femme s'unissent et se livrent jusqu'au bout au rituel bizarre que leur impose leur nature, c'est une semblable armée de débarquement qui est déposée sur la plage du golfe féminin : huit cents millions de héros destinés à périr. Tous. Sauf un, parfois.

Chez d'autres mammifères le nombre des assaillants est plus grand encore. Le taureau libère chaque fois six milliards de spermatozoïdes, le cheval quatorze milliards, le verrat quatre-vingt-dix milliards... Chaque gramme des testicules géants du taureau en fabrique trois millions par jour...

Une si formidable abondance, un tel gaspillage de moyens montrent à quel point la vie tient à poursuivre son chemin, et, sans doute, son évolution. L'instinct de reproduction, dont elle a doté les vivants, est la plus grande force du monde. La reproduction, en elle-même, n'est pourtant pas tellement séduisante pour l'individu. Souvent elle marque sa fin, la nouvelle génération dévorant l'ancienne. Parfois même l'ancienne n'a pas le temps de voir la nouvelle. Le papillon mâle sent la femelle à dix kilomètres, vole vers elle, arrive sur des moignons d'ailes, la féconde et meurt. La femelle pond et meurt à son tour. La chenille qui sort de l'œuf ne sait pas qui l'a faite, le papillon qui sort du cocon ne sait pas d'où il vient. Mais déjà le vent souffle vers lui l'odeur de son destin. L'aveugle vol des vivants se poursuit.

L'homme raisonnable, s'il raisonnait bien, en ne pensant qu'à lui, ne se reproduirait pas. Il n'a rien à y gagner, il devient chargé de famille, vraiment chargé, il perd son indépendance, il va passer la plus grande partie de son existence penché sur un travail que souvent il déteste, pour subvenir aux besoins des petits affamés dont il a provoqué la naissance. La femme abandonne pendant des mois toute grâce, devient pareille à une fluxion dentaire, n'est délivrée que par la douleur, et se trouve aussitôt enchaînée aux servitudes de l'état maternel.

Et pourtant rien ne peut empêcher l'un et l'une de se rechercher, se trouver, se joindre. Les homosexuels eux-mêmes, mâles ou femelles, sont mus par le tout-puissant élan de reproduction, qu'ils n'ont fait que détourner de sa direction naturelle. Cela ne compte pas dans le grand courant de la vie, pas plus que ne comptent les millions de tonnes de pollen perdu, les armées de spermatozoïdes sacrifiées, les populations d'alevins gobés dès leur naissance. Ces énormes pertes sont négligeables. Ce qui passe à travers les obstacles suffit. La vie continue.

Pour se libérer en partie des conséquences de leur obéissance à l'instinct qu'ils ne peuvent réprimer, l'homme et la femme ont inventé des subterfuges dont le plus récent est la pilule. Mais un jour ou l'autre l'ovule se trouve sans défense, et les envahisseurs arrivent...

Amour, viol, mariage, adultère, passion, bonheur, habitude, peur, dégoût, ivresse, délire, peu importe ce qui a préparé et ce qui accompagne la jonction des deux sexes. La seule chose qui compte pour la Vie est qu'elle va pouvoir être transmise à une nouvelle génération, qui la portera un peu plus loin dans le temps, pour la transmettre à son tour avant de périr.

Comment s'opère cette transmission ? Dès l'instant où les deux êtres joints se disjoignent, les mystères commencent. Si la femme amoureuse, l'homme ardent, ont cru jusqu'alors jouer un rôle volontaire dans cet épisode de leur propre vie, qui n'est elle-même qu'un point dans la ligne démesurée commencée il y a trois milliards d'années, tout, désormais, leur échappe.

Quelle intelligence, quelle connaissance, pousse les spermatozoïdes à se diriger vers le col dissimulé au fond du gouffre vaginal, à le franchir, à traverser l'immense étendue de l'utérus, à s'engager dans la vallée étroite d'une des trompes et à dénicher l'ovule qui s'y blottit entre les cils de la muqueuse comme un buffle obèse dans l'herbe de la savane ?

Ces millions d'explorateurs microscopiques, fabriqués par le corps de l'homme mais devenus des individus indépendants, se conduisent comme s'ils étaient des animaux d'une autre espèce, sachant ce qu'ils ont à faire, chacun pour sa part et tous ensemble.

Possèdent-ils une conscience, infime, à leur échelle ? Qui leur dit dans quel sens se tourner, vers quelle vibration subtile avancer, comme le papillon, et quel objet captivant, enfin, atteindre et pénétrer ?... S'ils ne comprennent pas quelle direction prendre, pourquoi la prennent-ils ?

Quand, poussé par la puissance inimaginable de la vie comme un bouchon par un raz-de-marée, l'homme s'est introduit dans la femme, il se croyait maître de lui, accomplissant un acte volontaire. Il avait, en tout cas, conscience de ce qu'il était en train de faire. Or voilà que les petites cellules vibrantes détachées de lui, les miettes infimes de son corps qu'il vient de déposer dans un autre corps, continuent sans lui la route qu'il a commencée... Savent-elles ce qu'elles font, ces aventurées ? Vos globules blancs, qui accourent de tous les points de votre corps vers la coupure que vous venez de vous faire en vous rasant, qui se jettent sur les microbes entrés par cette brèche et les dévorent, savent-ils ce qu'ils font ? Les cellules voisines, qui mobilisent toutes leurs ressources pour fabriquer d'autres cellules, les cellules nouvelles qui se mettent en place selon leur nature et leur fonction, se multiplient et colmatent l'ouverture, rendant de nouveau votre organisme étanche, savent-elles ce qu'elles font ?

Les termites qui réparent la termitière savent-ils ce qu'ils font ?

Les quatre milliards d'hommes qui s'agitent sur la peau de la Terre savent-ils ce qu'ils font, quelle tâche ils ont à accomplir dans le grand dessein de la vie ? Et, faute d'en avoir conscience, ne sont-ils pas en train d'agir de travers et de mettre en danger non seulement l'existence de leur propre espèce mais celle de tous les vivants ?

Sur les huit cents millions de héros, combien sont parvenus jusqu'à l'objectif ? Très peu. Quelques centaines tout au plus. Le gros de l'armée a péri en route, emporté par les eaux, tué par les muqueuses, avalé et digéré par les phagocytes. Les mieux placés, les plus « intelligents » ont seuls franchi le col, traversé le désert, découvert l'entrée de la vallée paradisiaque où se trouve la Princesse Lointaine vers laquelle toute la vie, depuis son origine, plus toute une vie d'homme, les ont portés.

La douce, la ronde, la nonchalante cellule féminine les attend. Ils sont partis des millions à sa conquête. Elle est seule. Par rapport à eux, elle est énorme : un millième de millimètre cube. A côté d'elle, ils ressemblent à des épingles autour d'une orange. Des épingles dont le corps serait mince et souple comme un fil. Ils tournent autour d'elle, ils dansent...

Un d'eux a réussi ! Sa tête s'est enfoncée dans la sphère bien-aimée, sa queue, qui le poussait,

devenue inutile, reste dehors et est dissoute.
Aussitôt, la peau de l'ovule devient définitivement infranchissable. Aucun autre soupirant ne sera admis. L'heureux vainqueur s'est-il montré plus « pénétrant », plus vif que les autres ou l'ovule a-t-il volontairement cédé devant lui après l'avoir choisi, pour quelles raisons, d'après quelles émanations, quels accords prédestinés inscrits dans les messages de leurs chromosomes respectifs ? Mystère...

Un autre mystère du même ordre s'attache au sexe du spermatozoïde...

Comme l'ovule, le spermatozoïde est fait de la moitié d'une des cellules du corps dont il provient. On ne sait au juste de combien de cellules est constitué un corps humain. Des centaines de milliers de milliards. Chacune d'elle, dans le même corps, contient les mêmes chromosomes Ce sont les molécules qui transportent l'hérédité et les ordres concernant le travail de chaque cellule, et de l'organisme tout entier. Les cellules travaillent, s'usent, meurent, se reproduisent en se coupant en deux. Il naît ainsi, chaque jour, dans un corps humain, environ 20 milliards de cellules nouvelles.

Les cellules reproductrices, situées dans les ovaires féminins et dans les testicules masculins, donnent naissance aux spermatozoïdes ou aux ovules. Chacune commence par rassembler ses gènes dans les chromosomes, sortes de bâtonnets qu'elle aligne au milieu d'elle par paires, en une disposition qui ressemble à celle des côtes dans la poitrine. Là se marque, tout de suite, la différence entre le masculin et le féminin : dans l'ovaire, toutes les cellules féminines qui vont devenir des ovules possèdent 23 paires de chromosomes complètes ; dans le testicule, toutes les cellules masculines en train de devenir des spermatozoïdes ont 22 paires complètes, mais la 23e paire est composée d'un chromosome entier et d'un autre beaucoup plus court, qui a l'air d'être un fragment, un reliquat...

Vous vous souvenez du mythe de la création d'Eve ? Dieu prit une côte à Adam pour créer la femme. Il nous en reste, messieurs, un moignon...

Ayant aligné ses chromosomes emplis de gènes, la cellule reproductrice, féminine ou masculine, se coupe en deux par le milieu, chaque moitié emportant la moitié des chromosomes, un par paire.

Chaque ovule emportera donc 23 chromosomes entiers.

Par contre, un spermatozoïde sur deux ne contiendra que 22 chromosomes entiers, plus un moignon. Sur les huit cent millions d'envahisseurs, quatre cent millions seront « boiteux »...

A l'instant de la fécondation, l'ovule et le spermatozoïde qui l'a pénétré s'ajoutent l'un à l'autre, formant une nouvelle cellule complète, l'œuf, qui va devenir un homme ou une femme.

Si le spermatozoïde lui a apporté 22 chromosomes plus un moignon, l'œuf aura une paire incomplète, caractéristique du masculin. Et c'est le corps d'un homme qu'il va fabriquer.

Par contre, si le spermatozoïde contenait 23 chromosomes complets, ils formeront avec les chromosomes de l'ovule, qui sont **toujours** 23, 23 paires entières, et la nouvelle cellule servira à élaborer un corps de femme...

C'est donc bien avec un chromosome complet (une côte) pris à l'homme que la femme sera créée. Et l'homme en portera la cicatrice dans toutes les parties de son corps : chacune des milliards de cellules qui le composent compte un chromosome complet (une côte ?) de moins que celles de la femme...

Coïncidence avec le récit biblique, dont l'origine remonte d'ailleurs bien au-delà du Livre ?

Ou bien est-ce plus qu'une coïncidence, et les sages des civilisations très anciennes connaissaient-ils déjà les mystères de la fécondation que les biologistes modernes viennent à peine de découvrir, ou de redécouvrir ?

Ce n'est peut-être là qu'un mystère imaginaire. Ceux qui suivent, eux, sont bien réels, et défient toute explication.

L'œuf contient en puissance le corps d'un homme ou d'une femme avec tous ses détails. Il est si petit qu'il en faudrait mille pour emplir un millimètre cube. Mais c'est déjà Michel-Ange ou l'épicière, Marilyn ou le poinçonneur des Lilas.

Vous et moi, au commencement, nous avons d'abord été cela.

La graine miraculeuse minuscule a enfermé au milieu d'elle même les chromosomes encore infiniment plus infimes qu'elle. Ils ne constituent qu'une très faible partie de cet organisme infinitésimal et formidablement organisé. Mais sans eux elle ne serait que désordre et anarchie, que matière inefficace ou passive.

La cellule est plus qu'une usine. C'est un ensemble industriel aux tâches innombrables, qui les accomplit toutes avec précision, et, en plus, respire, mange, vit, se reproduit. Mais elle ne peut rien faire de tout cela sans les chromosomes. Ils sont le plan et les ordres. Ils les transmettent depuis la nuit des temps, en se renouvelant par mélange à chaque génération.

Ces ordres, où sont-ils enregistrés ? Sous quelle forme ? La biologie moderne commence à le deviner.

Un chromosome est une combinaison de molécules ayant la structure d'une échelle torsadée. Les montants forment une double spirale. Chaque barreau est composé de deux molécules qu'on peut comparer à des lettres, un barreau étant une syllabe. L'emplacement et la succession des barreaux forment des mots et des phrases qui composent des messages impératifs. L'ensemble des messages contenus dans l'œuf minuscule constitue le registre des ordres du nouvel individu. Et quel registre ! Les « échelles » contenues dans l'œuf, ce grain d'un millième de millimètre cube, déployées et mises bout à bout, feraient plus d'un mètre de longueur ! Agrandi aux proportions d'un corps humain, cela représente un ruban télégraphique de dix-huit kilomètres de long... ou dix volumes de cinq cents pages...

Tout cela tient dans l'œuf minuscule, et tout sera répété dans chacune des milliards de cellules du corps humain vivant, afin qu'elles sachent toutes ce qu'elles ont à faire ensemble, et que chacune sache ce qu'elle a à faire en particulier dans le travail général.

Depuis le commencement de la vie, chaque cellule qui a vécu a reçu les ordres par un message inscrit sur les chromosomes, dans un langage qui semble le même pour toutes les espèces. C'est bien d'un langage qu'il s'agit. Ses lettres et ses mots sont chimiques au lieu d'être sonores, mais il s'exprime et ordonne avec la diversité et la précision d'une langue extraordinairement riche. Avec quatre molécules seulement, c'est-à-dire quatre « signes », il peut tout inscrire sur les chromosomes, comme nous pouvons tout écrire avec les quelques lettres de l'alphabet ou le point et le trait du morse. Et dans chaque infime partie de tous les vivants il parle sans arrêt, délivrant à chacune la partie du message qui lui convient à l'instant précis.

Cet immense murmure de la vie, pareil à la voix des océans dont chaque goutte parle, ne s'est jamais interrompu depuis la première parole inscrite dans la première cellule vivante. Est-ce que cela ne vous évoque rien ?

Au commencement était le Verbe...
Tout fut par lui et sans lui rien ne fut. De tout être il est la vie...
... Et le Verbe s'est fait chair...

Cette fois-ci ce n'est plus de la tradition juive qu'il s'agit, mais de la tradition chrétienne (Evangile selon saint Jean. Prologue). Les traditions s'enchaînent et n'en font qu'une, que les découvertes de la science moderne éclairent d'une singulière lumière. Il y a bien d'autres coïncidences étonnantes entre le Livre et les livres. Mais ce n'est pas ici notre propos. Revenons à notre aventure...

Les ordres de poursuite de la vie font qu'à travers les âges de la Terre, jusqu'au fétu de vie incarnée qui vous a totalement fabriqué, concernent la vie, l'espèce, l'individu. Ils ordonnent la poursuite de la vie, le maintien de l'espèce, la construction de l'individu.

Les ordres de poursuite de la vie font qe'à chaque génération les individus mâles et les individus femelles qui ont atteint la maturité sexuelle ont pour souci premier et tout-puissant d'aller les uns vers les autres et de se joindre.

Les règles des sociétés peuvent freiner, canaliser cette impulsion, rien ne l'empêchera finalement de s'accomplir. Ni morale, ni religion, ni tabous, ni complexes, ni pilules, n'empêcheront les foules innombrables de spermatozoïdes de finalement dénicher et féconder assez d'ovules pour que la vie continue.

Les ordres de maintien de l'espèce font que jamais, jamais, jamais, une femme enceinte, c'est-à-dire une femelle de l'espèce **humaine,** n'a accouché et n'accouchera d'un bégonia ou d'une tortue...

Cela vous paraît aller de soi?

Pourtant... Le matériau chimique de base est le même pour tous les êtres vivants. Et l'organisme de la mère, à l'intérieur duquel l'œuf va se mettre au travail, le lui fournira à volonté. Pourquoi, au moyen des cellules qu'il fabriquera avec cette argile, l'œuf humain ne construit-il pas parfois une pomme ou un petit chat?

Parce que l'ordre court à travers tous les hommes et toutes les femmes depuis le commencement de l'espèce et s'inscrit dans chaque œuf humain : « Fais un humain ! » Et l'œuf humain se transforme en humain et non en marguerite. Et si par une monstrueuse aberration, à la suite, par exemple, d'une brutalisation des chromosomes par des radiations, il se mettait à devenir autre chose, l'organisme maternel, obéissant de son côté aux ordres de l'espèce, l'éjecterait avant qu'il fût achevé...

L'œuf humain, donc, fait un humain. C'est un travail fabuleux, incompréhensible, admirable.

L'œuf se divise en deux, chaque moitié se divise en deux, chaque quart se divise en deux, chaque huitième, seizième, trente-deuxième, etc..., se divise en deux... Cela fait bientôt des millions de cellules qui, immédiatement, s'organisent. Elles ne sont jamais en tas, en amas, en désordre. Dès les premières divisions, la forme exclut l'informe et s'impose. L'œuf a d'abord l'apparence d'une mûre, puis d'un ballon creux, puis d'un sac, puis d'un haricot auquel poussent une grosse tête et quatre pattes... Les cellules continuent à naître par millions puis par milliards. Obéissant à l'ordre impératif d'organisation, chacune se met en place à la place exacte qu'elle doit occuper, à côté d'autres qui lui ressemblent et avec lesquelles elle va constituer un organe. Et chaque organe se forme et prend place au juste emplacement qui est le sien dans l'ordonnance générale. Toutes les parties s'installent et se développent, se relient les unes aux autres, établissent leurs liaisons et leur hiérarchie, l'ensemble commence à ressembler à un vivant. Et chaque détail, et leur totalité, et leur équilibre et leurs rapports, tout cela s'est construit, établi, installé, arrangé, sans qu'à aucun moment la volonté de l'organisme maternel à l'intérieur duquel ces opérations s'exécutent, soit intervenue. La machine prodigieuse, la plus compliquée et la plus parfaite du monde, a été fabriquée hors de tout recours à l'intelligence de l'être humain qui va la mettre au monde.

Finalement ils sont tous là, le foie, les os, le sang, la peau, les nerfs, le cerveau, les glandes, les pieds, les mains, la tête, tout ce que nous connaissons et aussi ce que nous ne connaissons pas. Et chaque organe sait ce qu'il aura à faire. Et chaque cellule de chaque organe connaît parfaitement ses tâches multiples. Et il faut bien insister sur ce résultat qui nous paraît si ordinaire : chaque organe et chaque cellule est exactement à sa place. Et il en est ainsi chaque fois. On n'a jamais vu naître un homme avec les oreilles dans la main, ou une femme avec les yeux dans le dos. Les oreilles s'installent toujours des deux côtés de la tête, et les seins de la femme pousseront toujours là où la bouche du nourrisson et la main de l'homme ont l'habitude de les trouver. Cette infaillible régularité de construction, qui nous paraît si banale, n'est-elle pas extraordinaire ?

Toutes les parties de notre corps tout neuf commencent à fonctionner, et la plupart, surtout les plus importantes, fonctionneront sans que nous ayons à nous en occuper. Notre cœur bat, notre intestin digère, notre foie transforme, analyse et synthétise, notre sang apporte leur nourriture à nos milliards de cellules et vide leurs poubelles, tout cela et bien d'autres choses encore, sans que nous y soyons volontairement pour rien. C'est une chance, car si nous pouvions nous en mêler nous jetterions en quelques minutes, dans l'ordre impeccable de ces accomplissements innombrables, le désordre et la mort. Nous pensons, notre corps vit. La vie semble plus intelligente que la pensée.

Nous regardons une fleur de pétunia rouge. Et nous la voyons. Qu'est-ce que cela signifie ?

Que notre œil, plus perfectionné qu'une caméra électronique ultra-perfectionnée, a reçu sur sa couche sensible l'image réduite de la fleur. Chacune de ses cellules spécialisées a subi le choc d'une vibration lumineuse, l'a transformée en micro-courant électrique, qu'elle a envoyé au cerveau par une des fibres du nerf optique. Des millions de cellules, par des millions de fibres, envoient en même temps au cerveau l'information « rouge », ainsi que des renseignements concernant les contours de la fleur et ses détails. Le cerveau, instantanément, reconstitue la fleur et l'introduit dans notre conscience. Ce sont les cellules de notre cerveau qui voient la fleur et non celles de nos yeux. Nous ne la « voyons » qu'au moment où elle entre dans notre pensée. Mais de ce mécanisme extraordinaire qui la fait entrer dans notre connaissance à travers une caméra vivante, un câble électrique vivant et un ordinateur vivant, à une vitesse instantanée, de ce mécanisme délicat, compliqué, parfait, nous sommes totalement inconscients. Il fonctionne sans nous.

Nous pouvons, si nous le voulons, décider de tourner les yeux du pétunia rouge vers le pétunia bleu. Nos yeux bougent quand nous le voulons. Mais nous ne savons pas comment ils bougent ni ce qui les fait bouger... Nous apprendrons peut-être à l'école le nom que des savants ont donné aux muscles qui font pivoter les globes oculaires, le trajet des nerfs qui leur ont apporté les ordres du cerveau, mais de la coordination et du détail de ces ordres nous ne connaissons rien, nous ne sentons pas les muscles et les nerfs en action, nous ne collaborons pas avec eux. Nous regardons à droite, à gauche, nous n'avons même pas conscience que nos yeux bougent...

Si nous voulons marcher, nous savons que nous devons avancer une jambe, si nous y prêtons attention nous sentons même les muscles se contracter, mais nous ignorons comment ils le font. Ce n'est pas notre affaire. Entre notre désir de voir, notre volonté de nous déplacer, et l'action qui en résulte, notre corps a pris le relais. Il sait ce qu'il faut faire, à tout instant, en toutes ses parties, celles dont nous avons conscience, et celles dont nous ignorons le gros et le détail.

Notre corps, sans arrêt, pendant toute notre existence, fait fonctionner ses millions de mécanismes, ses milliards de cellules, ses organes et ses glandes, fait circuler ses fluides sans que nous prêtions à ce fonctionnement la moindre attention, sauf quand « ça ne va pas ». Notre corps vit sans nous demander la moindre directive, obéissant aux ordres inscrits dans sa chair, ses os et son sang par le message venu des corps qui l'ont précédé. Si on pouvait mettre bout à bout les molécules chromosomiques où sont inscrits ces ordres, dans toutes les cellules d'**un seul corps humain,** on obtiendrait un ruban dont la longueur couvrirait plus de 1 000 fois (mille fois!) la distance de la Terre au Soleil.

De quoi rêver.

Tel est notre corps miraculeux.

A l'intérieur, quelque part, dans le cerveau peut-être, on n'en est pas si sûr, se trouve notre esprit, abrité, entretenu, porté par lui. Cet esprit, qui n'est pas capable de commander à une seule des cellules de son corps, peut contempler l'univers par les fenêtres des sens, comprendre les mouvements des étoiles et imaginer l'infini.

Voilà l'être humain.

Vous êtes cela.

Vivant.

Le corps, l'esprit... On pourrait parler aussi de l'âme ?

Ce n'est pas notre propos. Il ne s'agit pas ici d'espérer ou nier une vie future. C'est de notre vie terrestre que nous voulons nous soucier, de ce fragment du temps pendant lequel nous occupons un fragment de l'espace, que nous soyons fils de Quelqu'un, ou de la poussière.

L'homme, minuscule créature juchée en équilibre au sommet de la pyramide des espèces, se tourne vers les quatre horizons, lève la tête vers le ciel, et interroge :

— Qui suis-je ? Que suis-je ?

Une seule réponse est assurée, certaine, évidente :

— Tu es vivant.

Le reste est brouillard.

Qu'est-ce que la vie ? D'où vient-elle, où va-t-elle dans son obstination ? A quoi sert-elle, sert-elle seulement à quelque chose ? Nous n'en savons rien. Mais notre vie personnelle, nous la connaissons, elle est à nous, nous la vivons, et nous y tenons, justement parce que nous ne savons pas si quelque chose la prolonge.

Or cette vie, si brève dans l'éternité, notre vie à nous, unique, est menacée. Toutes les vies des hommes sont menacées, et celles de leurs descendants, et toutes les vies de tous les êtres vivants de la terre, animaux et végétaux.

Notre vie est menacée de destruction.

La vie terrestre est menacée de disparition.

Cet esprit logé dans son corps, cet esprit agité, émerveillé, ou furieux, ou ahuri, mais **curieux**, qui permet à l'homme de poser et de se poser des questions, il en a appliqué la curiosité décapante aux mécanismes de l'Univers, à l'infiniment grand et l'infiniment petit. Il a découvert les dimensions sans bornes de la création, qui continue à s'épandre au-delà des infinis et à naître et mourir sans cesse dans ses cellules-galaxies, qui occupe déjà tout l'espace mais continue de grandir au-delà du tout.

Il a découvert que tout cela, et lui-même, les soleils brûlants et sa chair fragile, tout ce qui existe, vivant ou non vivant, est composé de quelques douzaines de sortes de grains de matière, toujours les mêmes, les atomes, associés de différentes façons pour faire l'acier, l'eau, le veau, la Lune, la pomme...

Il a découvert que ces atomes sont composés à leur tour d'infimes particules tournant à des vitesses vertigineuses dans le vide. Et que ces particules sont si petites par rapport au vide dans lequel elles tourbillonnent, que si on supprimait le vide existant dans tous les atomes de tous les corps humains, l'humanité entière tiendrait dans un dé à coudre...

Il a découvert que ces particules sont composées à leur tour de sous-particules composées de sous-sous-particules, composées de...

Est-il nécessaire d'aller plus loin dans le vertige de l'infiniment petit ? Peut-être pas, car l'esprit humain commence à soupçonner que ces particules et sous-particules n'existent pas et ne sont en réalité que des tourbillons d'énergie.

La matière, donc, ne serait pas matérielle ?

L'Univers ne serait qu'une illusion, une image fantôme en trois dimensions, comme sera un jour celle qui sortira de votre projecteur de télévision qui vous permettra de plonger la main dans le cheval du western ou dans la lave de l'Etna ?

« Vanitas vanitatum, et omnia vanitas », dit l'Ecclésiaste : Vanité des vanités, tout est vanité. Ce qui, étymologiquement, signifie : vide, tout est vide...

Encore une coïncidence...

La pomme est vide, le mur est vide, votre corps n'existe pas. Il est fait de vide en tourbillons.

Mais essayez de plonger la main dans l'eau que vous avez mise à bouillir pour vous faire cuire un œuf, lancez-vous la tête en avant contre le mur vide dans l'espoir de passer au travers, laissez tomber un poids de cinq kilos sur votre pied vide...

Aïe ! ! !...

Vous êtes vide, peut-être, mais sûrement vivant !

Pour votre corps, pour vos sens, tout ce vide tourbillonnaire est réel, dur ou fluide, brûlant ou glacé, même si votre esprit sait qu'une différence de température n'est qu'une différence de vitesse d'agitation des molécules vides dans le vide... Ce vide, vous le touchez, vous le sentez, vous le humez, vous le mangez, parce que vous êtes vivant !

La vraie réalité, ce n'est pas la matière : c'est la vie..

Il y a quelques années seulement, les savants, astronomes, biologistes, physiciens, affirmaient que les conditions ayant permis l'apparition de la vie sur la Terre étaient si exceptionnelles, qu'elles n'avaient probablement pas pu se reproduire sur d'autres corps célestes. Et ils en concluaient qu'imaginer des êtres vivants ailleurs que sur notre globe était une utopie.

Aujourd'hui, ils ont changé de vérité. Ils ont trouvé dans l'intervalle interstellaire des molécules qui « pourraient » servir à construire des êtres vivants. Ils ont calculé que notre seule galaxie abrite des millions de planètes où la vie « pourrait » ou aurait pu être élaborée. Ils en concluent que ce qui « pourrait » être est, et affirment que la vie existe un peu partout, avec la même tranquille certitude qu'ils affirmaient auparavant le contraire.

Ils ont peut-être raison maintenant. La vie est peut-être un phénomène très répandu. Mais ce n'est pas certain. Le possible n'est pas forcément le réel. Les biologistes connaissent les conditions de la vie, mais ils ne savent absolument pas ce qu'elle est. Il se peut donc que, malgré toutes les possibilités, sa manifestation soit un phénomène improbable et rarissime, comme ils l'affirmaient avant hier.

Mais, même s'il existe, dans l'infini, des foules de planètes habitées, pour nous notre vie est **unique,** toute la vie terrestre dont nous sommes entourés et solidaires est unique, la vie de nos enfants et des enfants de nos enfants est unique.

Cette vie unique est menacée d'être rayée de l'univers.

En s'enfonçant dans l'infiniment petit, l'homme a découvert l'extraordinaire puissance des tourbillons d'énergie qui constituent la matière, et il a aussitôt cherché à l'utiliser.

Qui dit énergie pense moteurs, usines, déplacements, explosions...

Explosions ? Les militaires ont ouvert l'œil...

L'explosion atomique promettait de dépasser tout ce que l'ingéniosité humaine avait réussi jusque-là à faire péter à la surface de la Terre, d'égaler peut-être celle du Krakatoa qui jeta dans l'atmosphère une telle quantité de cendres qu'elles tamisèrent la lumière du soleil sur le globe terrestre entier pendant plusieurs années et modifièrent sans doute nos climats.

Disposer du Krakatoa à volonté ! De plusieurs Krakatoas ! De milliers, de dizaines de milliers de Krakatoas ! Les militaires devinrent fous d'excitation... Pour la destruction, les crédits et les moyens ne manquent jamais. L'immense richesse américaine, la colossale volonté hitlérienne engagèrent une course de vitesse. Qui ferait sauter le premier son Krakatoa gagnerait le monde. La richesse, naturellement, l'emporta.

La terreur provoquée par les deux premières explosions sur Hiroshima et Nagasaki gagna même ceux qui avaient mis le feu aux pétards atomiques. Ils continuèrent à en fabriquer, à les perfectionner, à les diversifier, à les multiplier, à les rendre plus dociles et plus efficaces, mais en souhaitant sincèrement n'avoir plus jamais à s'en servir.

Les Russes en firent autant, puis l'Angleterre, la France, la Chine, l'Inde, Israël sans doute, l'Égypte peut-être, l'Afrique du Sud, qui encore ? Qui n'a pas son petit stock de bombes superbes ? Huilées, cajolées, bichonnées, enfouies comme des carottes d'or dans des silos précieux, promenées aux profondeurs océaniques dans les sous-marins du silence, survolant les nations dans des avions stratosphériques ou rase-mottes, prêtes à obéir à tout instant au doigt presse-bouton, à l'ordre rouge, à foncer, à s'élever, à piquer, à allumer partout le grand feu de la Saint-Jean-foutu.

Les deux « grands », à eux seuls, en possèdent suffisamment pour faire griller soixante-douze fois et demie la planète...

Voilà ce qui est suspendu sur notre tête. Si la guerre atomique, un jour, se déchaîne, il ne restera rien de la vie terrestre. Humains, animaux, végétaux seront détruits à jamais, ceux qui auraient pu survivre aux explosions et au feu d'enfer étant par la suite transformés par les radiations en pustules et pourriture.

Que pouvons-nous contre ce danger ?

Rien, rien, rien...

Nous sommes comme l'escargot que la poule regarde d'un œil, puis de l'autre. Donnera-t-elle le coup de bec, ou pas ? Cela ne dépend pas de l'escargot. Que peut-il faire ? Se rétracter dans sa coquille ? Elle est moins dure que le bec... Persuader la poule de se nourrir de l'air du temps ? C'est un animal obstiné, qui aime obstinément les escargots...

Les hommes et les organismes dont dépend le déclenchement éventuel de l'apocalypse ne sont guère plus intelligents que la poule. Peut-être moins, car la poule ne picorerait pas un charbon ardent...

Il est très extraordinaire de constater que l'esprit humain, capable, lorsqu'il fonctionne individuellement, de performances qui atteignent l'absolu, sombre, lorsqu'il devient esprit collectif, dans la plus noire stupidité et engendre avec une maestria furieuse les guerres, les dictatures, les idéologies, les révolutions, les carnages, toutes les formes de la souffrance, de la servitude et de la mort. Avec les bombes atomiques, il a atteint le sommet de l'ingéniosité et de l'imbécillité frénétique. Les plus grandes nations se ruinent pour continuer à en fabriquer alors qu'elles en ont déjà cent fois assez et ne savent plus où les mettre. Les petites en réclament : moi aussi ! moi aussi !... Personne ne veut y échapper. Si un jour l'homme s'en sert, il ne se servira plus jamais de rien.

Chaque homme-individu, qu'il soit chef d'État ou manœuvre, d'un bloc ou de l'autre ou entre les deux, comprend l'absurdité et l'horreur de la situation. Et les hommes-collectifs, qui sont des hommes-individus agglomérés et « organisés » continuent de l'amplifier et de l'aggraver.

Que pouvons-nous faire, nous autres, pauvres de nous ? Rien... Rien que cheminer chaque jour vers notre salade, comme l'escargot. Avec une espèce d'étonnante tranquillité, qui vient de la peur.

Nous savons que les maîtres du monde, ceux qui décident, qui peuvent appuyer sur le bouton rouge, ceux d'Orient et ceux d'Occident, ont aussi peur que nous... Et nous espérons, nous voulons croire, nous croyons, pour ne pas être désespérés, que la peur les rendra aussi intelligents que la poule, et qu'ils ne picoreront pas le charbon infernal...

Mais voilà qu'ils se mettent à allumer leurs fourneaux, à secouer leurs feux et se préparent, dans leur éternel aveuglement collectif, à en répandre les cendres corrosives dans tout le jardin !...

Cette fois, le danger est immédiat. Car cette fois ils n'ont pas peur !

Si la perspective de la grande valse des bombes

les emplit d'une terreur et d'une sagesse paralysantes, l'énergie nucléaire « pacifique », au contraire, les conforte et les réjouit. Ils exultent ! C'est la solution ! Ça remplacera le pétrole, ça coûtera moins cher, ça donnera l'indépendance, c'est le Pérou à la maison !...

Le croient-ils vraiment ? Parmi les partisans des centrales atomiques, il y a certainement des gens sincères. Mal renseignés ou aveuglés par leur confiance en la technique, mais de bonne foi. Il y en a d'autres, c'est non moins certain, qui savent que le danger des centrales, pour être moins « explosif » que celui des bombes, est aussi réel et aussi grand. Et qui mentent. Par nécessité économique et par habitude politique.

Le mensonge est le langage normal de la politique. Lorsqu'un homme décide de faire de la politique son métier, soit par désir du pouvoir, soit par intérêt matériel, soit parce qu'il veut assurer le triomphe d'une doctrine, ou, ce qui est infiniment plus rare, pour servir son pays et les citoyens, il doit, avant toute chose, faire l'apprentissage du mensonge. Systématiquement, il commence à parler avec des mots abstraits, parfois pompeux, mais toujours vagues, et lorsqu'il approche d'une vérité, à tourner autour sans jamais s'y poser. Les précisions, la lumière, sont dangereuses pour le présent et l'avenir de sa carrière. Bientôt il ne sait plus parler ni penser autrement que dans le flou et l'à-peu-près, même s'il frappe du poing la tribune et crie dans le micro. C'est du théâtre, le contraire de la vérité. Un chef de parti, de droite ou de gauche, ou un militant ambitieux, ne présente jamais les faits tels qu'ils sont mais tels qu'ils peuvent le servir, ou servir son parti, ou desservir ses adversaires. Si on lui pose sur un point concret une question précise, il ne se tait pas : il répond à côté. Il a l'air de répondre, d'avoir dit quelque chose et il n'a rien dit. Il ment dès qu'il ouvre la bouche. Il ne peut plus faire autrement. Le mensonge est devenu sa respiration. Il est tellement imbibé de ses propres mensonges et de ceux dont ses partenaires l'accompagnent et ses adversaires l'assaillent qu'il finit par ne plus rien savoir de la vérité, ni même qu'il existe une vérité quelque part. Cela lui est d'ailleurs agréable. Ce langage, cette pensée artificiels sont les instruments de son succès, sa nourriture et son univers. C'est l'air tiède qui maintient en l'air la montgolfière politique, à dix mille pieds au-dessus du réel.

Même l'homme qui, au départ, était animé de bon vouloir, s'est laissé engluer peu à peu par les habitudes et les réflexes de ce monde étrange et, s'il a obtenu un poste de pouvoir, ligoter par les contraintes. La vérité, il y pense encore, mais il en est maintenant séparé par les altitudes de sa carrière et la nécessité de s'y maintenir. Il a d'ailleurs, à mesure qu'il accédait à la puissance, constaté qu'il devenait impuissant, n'ayant, comme instruments de son pouvoir, que les nuages des molles volontés qui s'opposent, se bousculent et s'annihilent autour de lui, et des machines administratives programmées depuis leur création à fabriquer toujours les mêmes saucisses. Il acquiert très vite la conviction que le réel se fait son destin lui-même, il ne sait d'ailleurs pas comment, et que toute intervention modérée ou brutale ne modifie que la surface des apparences. Au-dessous de la surface, un grand courant emporte le monde vers on ne sait quoi, aucun pouvoir n'y peut rien. Alors il est bon de n'y pas trop penser, de faire semblant de croire qu'on peut intervenir, et d'essayer de le faire croire, en prononçant des mots et en faisant des gestes qui ne surprennent pas et ne font pas de vagues. Et il est agréable de renoncer à l'impossible, et de se renfermer dans la tiédeur d'un succès bien coupé dans la soie artificielle.

La plupart des hommes politiques professionnels n'accèdent d'ailleurs pas à ces états d'âme. Ils se contentent de faire leur petit métier, c'est-à-dire de participer à la bataille pour la conquête des places. Seul les intéresse leur propre avenir, et celui de leur parti, dont il dépend. Le futur qu'ils nous promettent pour obtenir notre appui est toujours meilleur que le présent, et, grâce à eux, prospère, lumineux, juste, paisible. Ils s'en font, quand ils prennent le temps d'y réfléchir, une vague idée théorique, différente selon leurs attachements ou leur idéologie, selon qu'ils sont pour la conservation de la vieille société, ou pour son dépoussiérage, ou pour son passage aux bulldozers de la révolution. Leurs propagandes, qui nous en présentent les différentes versions, ressemblent à la publicité des lessives. Chacune est la plus efficace, et nous garantit le bonheur à l'eau chaude ou froide, à l'endroit et à l'envers.

Nos problèmes ne peuvent les tracasser car ils ne les connaissent pas. Ils connaissent leur existence, mais en modèlent la réalité pour la faire convenir à leur système. Chacun sait mieux que nous ce que nous sommes et ce qu'il nous faut.

Leur seul souci réel est de préserver leur fauteuil ou de prendre celui du voisin. Pendant qu'une classe de technocrates aveugles décide de notre vie ou de notre mort, eux jouent à la guerre des boutons, comme des gamins dans la cour de l'école entre les hauts murs qui les maintiennent entre eux, à l'écart du monde, dans l'euphorie d'un univers séparé.

Il nous faut donc, dans la mesure où nous le pouvons, lancer des brûlots par-dessus les murs et crier, crier assez fort pour les arracher à leurs stratégies infantiles, et leur inspirer, enfin, l'inquiétude...

Notre peur, à nous, grandit. Singulièrement, nous avons plus peur des développements du nucléaire pacifique que des entassements du nucléaire guerrier. Pour des raisons très simples :

Tant que les bombes dorment, elles ne sont pas dangereuses.

Dès que les centrales fonctionnent, elles sont dangereuses.

Pour l'instant les bombes ne servent pas.

Dès maintenant les centrales servent.

Et elles vont servir de plus en plus, en nombre grandissant, chaque jour.

Alors, un peu partout dans le monde, les hommes-individus se lèvent et manifestent. On les nomme « écologistes ». Ils sont inorganisés, et c'est ce qui leur permet de garder un raisonnement sain et d'éviter les mensonges des propagandes de groupes. Ils sont de plus en plus nombreux. Ils sont la manifestation spontanée de l'instinct de conservation de l'humanité. Ils sont comme les poils qui se hérissent sur sa chair menacée.

Ils n'ont pas réfléchi aux problèmes économiques. Ou alors les solutions qu'ils proposent tiennent du rêve. Ils ne savent pas très bien ce qu'ils veulent mais ils savent parfaitement ce qu'ils ne veulent pas : le nucléaire.

Parce qu'il y a parmi eux des techniciens et des savants, ils savent pourquoi et comment le nucléaire « pacifique » constitue un danger mortel, non seulement pour eux mais pour leurs descendants jusqu'à la dix-millième génération. A la condition que générations il y ait...

Ils le savent aussi par cet instinct profond qui fait hurler les chiens une heure avant un tremblement de terre.

Ils ont raison. Le nucléaire est dangereux. Et

une grande partie de ceux qui le prônent et l'ont mis en route le savent, et mentent.

Mais, dangereux ou pas, peut-on s'en passer ? Voilà la question.

Nous nous approchons, à une vitesse accélérée, d'une crise de l'énergie. Elle menace le monde entier, mais les « grands » y feront face plus facilement. On ne connaît pas les ressources énergétiques de l'U.R.S.S., on sait cependant qu'elles sont considérables. Celles des États-Unis aussi, et ils n'ont pas touché à leurs réserves. Ils ont, jusqu'à maintenant, consommé les réserves des autres. Les ressources de la Chine nous sont également inconnues.

Nous savons pourtant qu'elle serait la moins vulnérable des nations car elle est restée profondément paysanne, et continue d'utiliser par priorité les immenses possibilités de l'énergie humaine, dite « huile de coude »...

La France, par contre, ne sait plus rien faire de ses mains nues, et sa paysannerie a été aspirée par les villes dans une proportion catastrophique. Nos vaches elles-mêmes ne se laissent plus traire à la main. Il leur faut l'aspirateur à tétine, fonctionnant à l'électricité, produite par le pétrole. Maman vache ne veut plus connaître que son veau 220 volts...

Que se passerait-il si l'électricité venait à manquer **tout à coup**? J'ai essayé de l'imaginer dans un roman, *Ravage,* écrit en 1942 et publié en 1943. C'est un livre d'aventures qui tiennent un peu de la bande dessinée, une sorte de fable aux contours simples. Il n'a jamais cessé, depuis trente-cinq ans, d'être réimprimé. Son succès ininterrompu n'est pas dû à des qualités particulières, mais au fait que le public, instinctivement, profondément, sait que notre civilisation est fragile, que chacun de ses perfectionnements la rend plus vulnérable. Et les lecteurs trouvent dans ce livre leurs appréhensions vagues mises en images précises.

Nul besoin d'être prophète. La logique suffit. Cette civilisation, la nôtre, que des consommateurs bien nourris, à qui rien ne manque, qualifient aujourd'hui avec mépris de « société de consommation », est en réalité une société de circulation. Chacun des éléments qui la composent ne peut jouer son rôle qu'en se déplaçant. Partout ça va et ça vient, ça roule, ça court, ça tourne, ça circuite, ça trépigne, ça démarre, ça freine, ça accélère. Nous sommes pareils à une fourmilière qui a reçu un coup de talon. Les matières premières convergent sans arrêt vers les lieux de transformation, les produits fabriqués divergent vers les lieux de consommation, la main-d'œuvre voyage des domiciles vers les usines et les bureaux, en revient et recommence en un aller-retour perpétuel. Les nourritures vont des campagnes vers les villes, d'où les déchets s'éloignent par camions et par égouts. L'eau circule des sources et des fleuves vers les usines et les domiciles, puis vers les égouts, les fleuves et les mers. Dès qu'un jour de fête interrompt les fabrications, la main-d'œuvre libérée se met à rouler frénétiquement vers les loisirs, suivie et précédée par l'information, qui arrive du monde entier avant de repartir par tous les canaux de la T.V., des radios et des journaux.

Tout bouge, partout, et toujours, sur place ou en changeant de place, comme les organes et le sang d'un corps vivant.

A l'origine de ces circulations multiples et ininterrompues il y a la circulation de l'énergie. Si tout à coup celle-ci vient à manquer, les usines s'arrêtent, les trains stoppent, les rues s'engorgent de véhicules immobiles, les nourritures restent au fond des campagnes, les ordures sur les trottoirs, l'eau dans les fleuves. Les robinets ne coulent plus, les W.-C. engorgés débordent sous les chasses vides, les magasins pillés ne reçoivent plus rien. La famine et le banditisme s'installent dans les agglomérations urbaines dont tous les habitants deviennent des loups affamés. C'est la guerre civile permanente, la plus terrible, non de classe contre classe, mais de chacun contre chacun. On s'égorge pour un rat ou une pomme de terre, dans le désordre, les ordures et les excréments.

Les foules fuient à pied les villes intenables où on n'éteint plus les incendies, envahissent les campagnes, sont reçues à coups de fusil par les paysans qu'elles massacrent. On dévore les vaches et arrache le blé vert. Les campagnes ravagées ne donnent plus de nourritures. Le cannibalisme apparaît après l'assassinat. On meurt de faim et de peste le long des routes. Il y a peu de survivants...

Ce n'est pas de la science-fiction. C'est ce qui arriverait si... Mais cela peut-il arriver? Souvenons-nous de ce qui s'est passé récemment à New York pendant une seule nuit sans électricité... La ville, aussitôt, s'est mise à se décomposer et à flamber. Et pourtant, tout le monde savait que ça ne durerait pas, que ce n'était qu'une panne. Si les New-Yorkais avaient eu la certitude du contraire? Imaginez...

Le tableau, logique et excessif, que je viens de tracer, serait la conséquence d'une disparition totale, subite et définitive, de l'électricité. Cela ne peut pas se produire. Mais une crise de l'énergie qui verrait les sources de celle-ci se tarir graduellement mais rapidement, si on n'était pas prêt à y faire face, aurait des conséquences à peine moins tragiques.

Nous sommes des avaleurs de pétrole, goulus, gloutons, insatiables. Nous ouvrons de plus en plus grands nos clapets sous les robinets.

L'énorme courant gras y disparaît dans un gouffre sans fond. Il devient lumière, chaleur, force, il produit et transporte tout ce qui nous permet de continuer de vivre. Il nous empoisonne bien un peu en même temps, nous, notre terre, notre eau, l'air que nous respirons, par chimie et voitures interposées. Mais quel automobiliste renoncerait à sa voiture pour respirer mieux ? Et comment pourrait-il le faire s'il habite à 50 km de son lieu de travail ?

Toutes les fabrications, les circulations dont la vie de notre civilisation est faite, se nourrissent de pétrole. S'il manque tout s'arrête. Or il va manquer.

Par suite de l'accroissement de ses populations, et des besoins de celles-ci, le monde en boit chaque année davantage, alors que ses réserves diminuent. Les calculateurs pessimistes affirment qu'il sera épuisé dans 20 ou 30 ans. Les optimistes nous accordent un délai plus long. Mais peu importe **car il manquera bien avant d'être épuisé**. Parce que les nations qui le produisent, sentant venir le fond du tonneau, réduiront leurs extractions et augmenteront leurs prix. Le pétrole deviendra un produit de luxe qu'on ne pourra plus utiliser que pour des tâches privilégiées. Plus question de s'en servir pour faire cuire la baguette parisienne ou aspirer le pis de la vache. Ni pour propulser les voitures. Il va falloir, très vite, le remplacer...

En réalité, la crise du pétrole a déjà commencé. Les circulations de notre civilisation n'ont déjà plus la même vitesse. Quand les émirs ont multiplié par quatre le prix du brut, le rythme des fabrications et des consommations s'est ralenti, l'expansion a été freinée ou stoppée, les pouvoirs d'achat ont cessé de croître ou diminué, une partie de la main-d'œuvre n'a plus trouvé de places dans les circuits du travail. La « crise économique mondiale », c'est le début de la crise du pétrole.

C'est pourquoi il est vain de penser qu'on va bientôt « en sortir ». Il va falloir d'abord la résoudre. C'est-à-dire trouver une autre source d'énergie. Et la trouver vite, car le pétrole peut manquer tout à coup, brutalement, totalement, si, pour une raison politique à la suite de quelque conflit au Moyen Orient ou en Afrique, les Arabes décident de cesser leurs livraisons. Les réserves stockées sur notre territoire ne feraient pas long feu...

La France sans pétrole, et rien pour le remplacer, c'est rapidement l'arrêt de toutes les industries, le chômage total, la misère, la famine et la guerre des rues.

Les gentils écologistes, mes amis, disent qu'on n'a pas besoin de tant d'énergie, qu'on peut vivre **autrement,** et ils ont raison. Oui, on peut vivre **mieux** sans la folie industrielle, sans l'entassement des villes, sans la rage des autoroutes. L'espèce humaine a vécu des millénaires sans tout cela, et nos grands-pères paysans, dans leur pauvreté, étaient infiniment plus heureux que le contremaître de Renault avec sa voiture, sa télévision, son congé sur la Côte d'Azur et son état permanent d'exaspération nerveuse.

Mais les quinze millions d'habitants de la région parisienne ne peuvent pas se transformer en quinze millions d'éleveurs de chèvres.

Il nous faut sûrement changer de civilisation. Non moins sûrement nous ne pouvons pas retourner à celle de nos pères. Il nous faudra inventer une civilisation nouvelle, harmonieuse, modérée dans son expansion, ses besoins et ses passions, sans idéologie obligatoire. Cela ne peut pas se faire en catastrophe. Or c'est une catastrophe, brutale, meurtrière, qui s'abattra sur nous si rien n'est prêt pour remplacer le pétrole.

Quelque chose est prêt : le nucléaire.

Il est prêt — enfin, presque... — pour la paix parce qu'on l'avait préparé pour la guerre. C'est toujours ainsi. Les militaires obtiennent ce qu'ils veulent pour leurs recherches et leurs fabrications. On n'est pas chiche avec la mort, on ne lui refuse rien. Les survivants, ensuite, profitent des retombées s'ils le peuvent. C'est ainsi que les Américains sont allés sur la Lune avec une fusée, fille de celles que von Braun avait fabriquées pour bombarder Londres, puis New York.

Nos centrales nucléaires sont les filles d'Hiroshima.

Ce sont les filles du diable, mais si elles sont assez nombreuses quand le pétrole se fera rare ou s'arrêtera, elles pourront continuer de faire bouillir notre marmite. L'inconvénient c'est qu'elles risquent, en même temps, de nous rôtir.

Le nucléaire est prêt. Rien d'autre n'est prêt. Il faut donc mettre le nucléaire en place et le plus rapidement possible.

Les écologistes ont mille fois raison de protester contre l'édification de ces usines d'enfer, et de manifester à toute occasion. Et même la violence de certains, condamnable en soi, est un signe de santé de l'espèce humaine, qui pressent un danger comme elle n'en a jamais connu, et sursaute...

Mais pour l'instant, il n'y a rien d'autre. Et si rien ne remplace le pétrole au moment où il manquera, la maison où nous vivons nous tombera sur la tête, et nous serons bien incapables, ensuite, d'aller construire à la campagne la fermette de nos rêves.

Sans énergie de remplacement, si la crise du pétrole est brutale, il n'y aura que des survivants hagards dans un monde en ruine... Ils seront bientôt dominés par les plus violents, qui inventeront et imposeront les lois nouvelles. Si elle est seulement rapide, la transition de l'aisance à la misère sera prise en charge par des régimes policiers décidés à maintenir l'ordre par tous les moyens. Dans un cas comme dans l'autre, l'espoir de remplacer la civilisation défunte par un monde de liberté, et d'équilibre avec la nature, sera détruit.

Pour éviter ce séisme de la société, bien plus grave que le plus grave des tremblements de terre assorti de peste noire, pour éviter le retour brutal à une vie sauvage et barbare, et non, comme l'espèrent certains, à un primitivisme idyllique, il faut donc avoir recours au nucléaire monstrueux, **mais en préparant dès maintenant son remplacement.**

Le nucléaire remplacera le pétrole mais il doit être lui-même remplacé **dans le plus bref délai.**

La folie, le délire mortel, c'est de se lancer sur cette voie unique et de penser qu'on va pouvoir continuer, et continuer en accélérant et en faisant siffler de joie la locomotive. Quelque part, là-devant, attendent les traverses pourries, les rails déboulonnés, les aiguillages tordus. Et le ballast miné.

Il faut bifurquer vers des voies plus saines. Très, très vite, avant le déraillement ou l'explosion, avant que le retour soit devenu impossible.

Ces voies existent. Mais nous ne sommes pas prêts à nous y engager. Rien n'a été fait pour cela, rien n'est fait, **et rien n'est prévu.**

Avant d'examiner les possibilités et les perspectives du remplacement, essayons d'abord de jeter quelque lumière dans le débat qui oppose ceux qui affirment que le nucléaire est dangereux à ceux qui déclarent qu'il ne l'est pas.

De nombreux dossiers ont été publiés pour ou contre le nucléaire, ou pour-et-contre. Je ne vais pas en ouvrir un de plus. Mais simplement faire appel au bon sens.

Les centrales nucléaires « ordinaires », à eau sous pression (P.W.R.)[1] et les « surrégénérateurs » fabriquent ou fabriqueront de l'électricité à partir de matériaux excessivement dangereux à stocker, à transporter et à utiliser : l'uranium, et le plutonium.

Le plus dangereux des deux, le plutonium, n'existe pas dans la nature. On le trouve mélangé, dans les déchets des centrales P.W.R., à d'autres corps radioactifs. On l'en extrait, et on s'en sert dans les « Phénix » et « Super-Phénix », c'est-à-dire dans les surrégénérateurs, comme matériau de base.

Les surrégénérateurs sont ainsi nommés parce que fonctionnant au plutonium, ils en fabriquent plus qu'ils n'en consomment.

Imaginez une vache qui, chaque fois qu'on lui donne une botte de foin (plutonium) pour que son organisme le transforme en lait (électricité), évacue, mêlée à ses excréments, une botte et demie de foin frais ! C'est la vache-miracle ! Il

---

1. Pressurised Water Reactors.

suffit d'extraire le foin de la bouse et de le redonner à la vache. Non seulement elle s'auto-nourrit, mais elle va permettre de mettre dans l'étable une autre vache miraculeuse, qui à son tour... C'est la multiplication des petits pains vaches. Et le lait coule à flots...

On comprend pourquoi cette solution a empli d'enthousiasme les techniciens et les économistes. Plus de problème de matière première ! L'indépendance énergétique assurée !

Ce n'est pas si rose...

D'abord, il faut qu'un surrégénérateur fonctionne pendant 30 ans pour fabriquer la quantité de plutonium nécessaire à la nourriture d'une nouvelle vache.

D'ici là, la crise de l'énergie a le temps d'éclater vingt fois...

C'est pourquoi le programme nucléaire prévoit, en même temps que la construction des vaches miracles, la multiplication des vaches ordinaires, les P.W.R. Une fois le programme prévu réalisé, il y aura environ 50 réacteurs P.W.R. sur le territoire français. Ils fabriqueront tous, en plus de l'électricité, des déchets contenant du plutonium pour les surrégénérateurs.

Mais il faudra extraire ce plutonium de ces déchets. L'usine de La Hague a été édifiée dans ce but. Elle fonctionne. Mal. Elle laisse gicler ses gaz et ses liquides. On est constamment en train de la rapetasser. Les déchets qu'elle traite la secouent comme un troupeau de taureaux furieux enfermés dans une cabane en planches. Elle n'a ni la capacité suffisante, ni la sécurité de fonctionnement nécessaire pour faire face au programme prévu.

Le retraitement des déchets est si difficile et dangereux que l'Angleterre, par exemple, y a renoncé après plusieurs incidents, et se propose de faire traiter ses déchets chez nous ! Le Japon lui-même va faire accomplir à ses déchets la moitié du tour du monde pour les faire traiter à La Hague !

Mais n'oublions pas que les centrales P.W.R. fonctionnent à l'uranium. Or l'uranium français, si nous n'utilisions que lui, serait épuisé dans 10 ou 20 ans. Il faut faire appel à l'étranger. Où donc se situe l'indépendance énergétique ? Quand donc les surrégénérateurs nationaux fabriqueront-ils assez de plutonium pour assurer la fabrication de l'énergie nécessaire à la France ?

Sans doute en l'an 3000...

Oui ! Dans un bon siècle !...

Alors pourquoi prétendre que le nucléaire va nous sauver du désastre ?

Parce que c'est à peu près vrai dans l'immédiat. Les réacteurs P.W.R. et les surrégénérateurs qui vont être édifiés sur notre territoire dans les dix ans à venir auront tous reçu au fur et à mesure leur ration de combustible, de quoi les faire fonctionner pendant des années, de quoi faire en partie face au pire, s'il n'advient pas trop tôt. On n'évitera pas les secousses et les lézardes, mais les murs de la maison resteront debout.

Voyons maintenant d'un peu plus près les surrégénérateurs, la vache miracle, et le foin qu'elle mange et reproduit : le plutonium.

Ce corps est d'une part un poison violent, et d'autre part un élément radioactif qui émet en grande quantité des rayons gamma dangereux, et en plus grande quantité encore des rayons alpha, particulièrement mortels.

Ces qualités réunies font du plutonium une exquise gourmandise : il suffit à un être humain d'en respirer un millionième de gramme, à peu près **le poids de l'encre contenue dans un point sur un i,** pour être en danger de cancer ou de leucémie. Avec une quantité à peine supérieure, c'est la mort inévitable et rapide...

Mais sa plus merveilleuse qualité est celle-ci : il lui faut près de 25 000 ans pour perdre seulement la moitié de sa radio-activité. Et dans les 25 000 ans suivants il ne perd encore que la moitié de la moitié restante. Et ainsi de suite...

C'est-à-dire que le plutonium que nous fabriquons aujourd'hui dans nos centrales, que nous allons fabriquer en quantités de plus en plus grandes, **et que nous laisserons peut-être un jour s'échapper, SERA ENCORE MORTEL DANS MILLE SIÈCLES !**

Mille siècles !...

Pour nous faire une idée de cette durée, rendons-nous compte que l'ère chrétienne ne dure que depuis vingt siècles... Que tout ce que nous connaissons de l'histoire des hommes tient en moins de cent siècles... Et que, dans ce laps de temps, des civilisations sont nées, se sont succédé, ont disparu en poussière...

Le plutonium, lui, sera encore vivant dans mille siècles... Et deux cent cinquante siècles plus tard, il continuera d'émettre ses rayonnements mortels, partout où il se trouvera...

Voilà l'horrible danger de la politique nucléaire !

Pour le bonheur des hommes et de tous les êtres vivants, le plutonium n'existait pas dans la nature. Il a fallu que nous nous mettions à en fabriquer ! Il a fallu que quelques génies désintéressés, quelques savants naïfs, introduisent le bout de leur nez dans les minuscules et formidables secrets de la matière et se mettent à déranger et mélanger les tourbillons d'énergie qui la composent... Comme des enfants curieux qui mélangent la mort-aux-rats avec le cacao. Pour voir...

La curiosité est la plus grande qualité de l'homme. Elle l'a fait sortir de ses cavernes et l'a conduit jusque sur la Lune. Elle le poussera peut-être jusqu'aux confins de l'univers. A moins que demain, ce soir, elle ne le fasse sauter ou cuire à petit feu...

Chaque surrégénérateur contiendra de 3 500 à 5 000 kilos de plutonium. C'est-à-dire qu'**une seule** de ces centrales enfermera, dans ses murailles de béton et de métal, largement de quoi faire périr tout le genre humain, et laisser ensuite la Terre empoisonnée jusqu'à la fin des temps.

Évidemment, c'est une vue théorique... Si une centrale sautait, ou seulement se mettait à fuir, son contenu ne se répandrait pas sur toute la surface du globe, uniformément réparti pour que chacun en ait sa part. Mais en cent mille ans il aurait bien le temps de voyager... Et on imagine ce que pourraient être les dégâts immédiats.

... La libération accidentelle de 10 % de l'inventaire radioactif d'un grand surrégénérateur aurait des conséquences dix à cent fois pires que celles d'un réacteur classique. (Rapport de la commission Flowers, Londres.)

... ce qui veut dire que cet accident relativement limité rendrait nécessaire l'évacuation de deux cent mille à deux millions de personnes vivant à cinquante kilomètres sous le vent ; l'interdiction, pour des siècles, de la région contaminée ; et qu'il s'ensuivrait néanmoins entre onze cents et trente-cinq mille morts par cancer et leucémie (le nombre des cancers et leucémies non mortels étant bien plus élevé). (Michel Bosquet, *Le Nouvel Observateur*, n° 663.)

Le plutonium ne sera pas toujours confiné, enfermé, blindé, gardé à vue dans les surrégénérateurs : des quintaux de cette friandise, plus ou moins mélangée à d'autres douceurs du même genre, seront sans cesse en voyage sur les routes de France, des centrales vers les usines de retraitement, et des usines vers les surrégénérateurs, à la merci d'un coup de volant maladroit, d'un conducteur ivre arrivant en face, d'une plaque de verglas, d'un accident mécanique.

On nous répond que les matières fissiles sont transportées dans des conteneurs à l'épreuve de tous les chocs, on nous les a même montrés à la télévision, subissant des traitements abominables sans autres dommages que quelques cabossures. C'est exact. Nous **savons** que des précautions considérables sont prises à chaque instant de chaque épisode de l'utilisation et du transport de ces marchandises ardentes, pour les empêcher d'aller se mélanger à nos pâturages. Mais toutes les précautions sont prises, aussi, quand on construit les barrages derrière lesquels on enferme les déluges. Et de temps en temps, ici ou là dans le monde, un barrage cède et laisse passer le raz-de-marée.

On répond : « Ce n'est pas pareil !... »

Ce n'est pas du tout pareil, en effet. Avec le plutonium, c'est infiniment pire.

Il ne faut pas négliger non plus la possibilité du détournement par un commando de fous. Ceux-ci ne manquent pas, l'actualité nous l'a tragiquement démontré. Ils pourraient, avec la plus grande facilité, s'en servir pour fabriquer une bombe atomique artisanale, un super-cocktail Molotov, le vrai pied...

Un étudiant américain, John Philips, en a fait la démonstration. Il a fabriqué **sa** bombe tranquillement, en utilisant les indications et les explications données par des spécialistes dans des revues scientifiques. Elle était parfaite, prête à fonctionner. Il ne lui manquait que le plutonium...

John Philips était un pacifiste. Son geste avait pour but de protester contre la prolifération des armes nucléaires. Mais s'il avait fait partie d'un clan de terroristes, ne se seraient-ils pas convaincus de compléter l'engin ? Quel superbe moyen de chantage ! « Vous ouvrez toutes les prisons, le président Carter vient montrer son derrière à la télévision, ou nous faisons sauter New York... »

Science-fiction bouffonne ?

Vous croyez ?... Vraiment ?...

Vous pensez qu'on ne peut pas voler des matières radioactives, plus protégées et surveillées que l'or ?... Du plutonium a déjà disparu d'une centrale américaine. Une autre quantité s'est évaporée au cours d'un transport en Méditerranée. Tous les services secrets sont à la recherche de ces démons fugitifs. Dans les milieux du Congrès américain, on pense qu'ils sont déjà arrivés en Israël...

Sans importance, affirment les techniciens de l'énergie atomique : on ne peut pas utiliser le plutonium « civil » pour fabriquer des bombes. Elle n'exploseraient pas...

Les militaires américains en doutaient. Ils ont essayé. Ils ont garni une bombe avec du plutonium « civil ». Elle a gentiment explosé. C'était en juillet 77, dans le Nevada...

Mais admettons qu'il n'y ait jamais de vol ni d'accident grave au cours des transports. Que dire, alors, du fonctionnement des surrégénérateurs ?

La « masse critique » d'un corps fissile est la quantité minimale de ce corps suffisante pour qu'il explose spontanément. La masse critique du plutonium est de 5 (cinq) kilos. C'est-à-dire que si quelque part au monde 5 kilos de plutonium se trouvent maintenus réunis, sans obstacle entre eux, ils font Hiroshima.

Le cœur d'un surrégénérateur en contiendra 5 000 kilos...

Naturellement cette masse est fragmentée, et chaque fragment, blindé, est isolé des autres. Le cœur d'un super-Phoenix est donc une super-ultra-gigantobombe qui ne peut pas exploser...

Assure-t-on...

Les 5 000 kilos de plutonium, sous l'effet de l'infernale radioactivité qui ravage leur propre substance, s'échauffent constamment et doivent être constamment refroidis. C'est une partie de la chaleur ainsi émise qui va être captée et servir à fabriquer de l'électricité, par un processus que je simplifie mais qui est en gros celui-ci : le plutonium est refroidi par du sodium fondu, le sodium est refroidi par l'eau, l'eau se transforme en vapeur, la vapeur fait tourner des turbines, les turbines entraînent des générateurs, qui fabriquent de l'électricité...

Le sodium doit rester absolument confiné dans

les tuyaux, les cuves et les divers compartiments dans lesquels il circule, car ce métal étonnant qui, lorsqu'il est solide et froid, n'a guère plus de consistance que le caramel et peut être coupé avec un couteau à fromage, possède une avidité formidable pour l'oxygène et, en conséquence, s'enflamme spontanément au contact de l'air et, au contact de l'eau, décompose celle-ci en une réaction violente, avec dégagement d'hydrogène qui, à son tour, s'enflamme...

Le sodium circule donc en vase clos à l'intérieur d'un métal inerte et résistant, et c'est à travers lui qu'il cède sa chaleur à l'eau. Toutes précautions, encore une fois, et plutôt vingt fois qu'une, ont été prises pour que le sodium n'entre jamais en contact avec l'air ou avec l'eau.

Mais il faut 5 000 tonnes de sodium pour refroidir les 5 000 kilos d'uranium ! C'est cette quantité formidable de liquide corrosif et surchauffé qui va circuler sans arrêt dans la supercentrale. Et il suffit d'une fissure, d'une soudure qui cède, pour que le désastre commence !

Car, au moment où j'écris ces lignes, on ne sait pas comment éteindre le sodium en feu !

Jusqu'à cent kilos, on peut. Au-dessus, on regarde et on laisse brûler...

Tous les spécialistes cherchent en hâte, avec toutes leurs connaissances, les moyens d'accroître l'efficacité des anti-feu. Peut-être ont-ils déjà fait des progrès. Peut-être sait-on maintenant éteindre deux cents, cinq cents, mille kilos de sodium... Mais, même dans ce cas, même avec toutes les précautions vingt fois prises, il est certain qu'au danger du plutonium on en a ajouté un second, qui est de taille...

Au grouillement de cobras on a donné pour compagnon un tigre auquel on chauffe la plante des pieds...

Que se passera-t-il si le tigre, dans un accès de fureur, brise la cage des cobras et les libère ?

Que se passera-t-il si le sodium brûle, même en partie, faisant fondre les aiguilles de plutonium et leur blindage ? On le devine : le plutonium fondu tombe au fond de la cuve, se rassemble, la masse critique est atteinte, et boum !...

Si quelques kilos de plutonium seulement explosent, avec la puissance d'une bombe H, les 4 000 et quelques kilos restants sont projetés dans la nature qu'ils vont empoisonner jusqu'à la fin des temps.

Mon schéma est un peu simpliste ? Je l'ai voulu ainsi. Je ne suis pas un physicien mais un **simple** citoyen qui raisonne avec son cerveau d'évidence, un paysan à qui un ingénieur dit : « Je vais placer une bougie allumée, posée sur une brique, dans ton grenier à foin, et grâce à la brique il n'y aura jamais d'incendie »...

Et qui ne le croit pas... Il n'est pas rassuré. Il se demande : ne peut-il pas y avoir un coup de vent, ou un mulot, qui renverse la bougie ?

Non, disent les techniciens, il ne peut pas y

avoir de fissure ou de rupture dans le circuit du sodium. Tout a été vérifié cent fois.

L'Encyclopaedia Universalis répond :
Sous l'action des neutrons rapides et des rayons gamma, les corps placés en pile subissent des dommages dont l'ingénieur doit tenir le plus grand compte : les molécules liquides et gazeuses se dissocient, les atomes des solides sont bousculés en cascade provoquant des lacunes et des ions interstitiels ; il en résulte des modifications importantes des propriétés de ces solides : gonflement, fluage, fragilisation... Les dégâts sont particulièrement importants dans le combustible nucléaire lui-même... (t. 11, p. 979).

Ce qui signifie que les corps les mieux connus, dès lors qu'on les introduit dans la pile atomique, deviennent des inconnus. Leurs propriétés sont modifiées. Tout ce qu'on sait d'eux est remis en question. Plus rien n'est certain. **Plus rien n'est sûr...**

Alors, jamais de fissure ? Comment oser l'affirmer ?

On a dû prévoir l'incendie du sodium et, faute de pouvoir l'éteindre, mettre en place les moyens de le restreindre et de l'isoler. Mais outre ce danger, il en existe d'autres. Le plutonium est un matériau d'enfer. Il n'est pas « passivement » radioactif. Son rayonnement modifie tout, détruit tout autour de lui, comme s'il cherchait sans arrêt à s'ouvrir des portes à travers les murs. Il est en état d'agressivité permanente. Quoi qu'on ait prévu pour arrêter son offensive ininterrompue, nul ne peut être certain qu'il ne finira pas un jour par percer.

Ici, l'homme simple n'est pas le seul à être inquiet. Les hommes de science, qui **savent** mieux que lui, le sont aussi.

... dans la communauté scientifique française, il y a une majorité qui ne cesse de protester et d'avertir qu'une catastrophe sans précédent n'est pas impossible avec ce genre de réacteur : ont notamment protesté les vingt-trois chercheurs du laboratoire de physique corpusculaire du Collège de France ; quatre-vingts physiciens de l'Institut de Physique nucléaire de Lyon ; treize cents ingénieurs et techniciens du Centre européen de Recherches nucléaires de Genève ; quatre cent cinquante chercheurs de l'I.N.S.E.R.M. ; cinq cent quatre scientifiques de Grenoble ; une commission « ad hoc » du C.N.R.S., etc. (Michel Bosquet, *Le Nouvel Observateur*, n° 663.)

A cette inquiétude, les cerveaux d'E.D.F., réalisatrice du programme nucléaire, répondent avec une hauteur tranquille qui ne va pas sans quelque mépris :

... Il est regrettable que beaucoup de scientifiques mettent l'autorité attachée à leur titre au service de passions ou d'intérêts dans des domaines où l'honnêteté intellectuelle leur commanderait de reconnaître qu'ils n'ont aucune compétence : on peut être un excellent physicien et ne rien connaître aux techniques du confinement.

(Que choisir ? Numéro spécial · « Nucléaire. Le Face à face. »)

Quels intérêts ? Plus de deux mille savants et techniciens appartenant à des organismes scientifiques de pointe, d'importance nationale ou internationale seraient « vendus » ? A qui ? A quoi ?...

Quelles passions ? Celles de la défense des hommes et de la vie ? Alors, qu'elles soient les bienvenues !...

Et comment la compétence du « confinement » peut-elle remplacer toutes les autres, et faire naître dans les esprits la certitude de ne jamais se tromper, et d'avoir tout pensé, tout prévu ? L'infaillibilité relève du dogme religieux, non de l'esprit scientifique.

Aucun homme n'est infaillible, ni dans son raisonnement, ni dans ses actes.

Aucune machine construite par l'homme n'est infaillible.

Et dans un domaine ou une défaillance, une seule, risque d'avoir des conséquences incalculables dans l'espace et dans le temps, aucun esprit honnête ne devrait se montrer aussi assuré.

En vérité, il y a effectivement une sorte de religion du nucléaire, et une classe de techniciens tellement efficaces dans le détail qu'ils ont perdu la vue d'ensemble : celle de la vie terrestre d'aujourd'hui et de demain.

Ils se sont confinés dans leur confinement.

Parce qu'ils sont assurés de pouvoir, à chaque

instant, à l'endroit précis où ils agissent, faire face aux éventualités, ils ne tiennent pas compte de la multiplicité des risques et de leur multiplication par la prolifération des centrales et par l'augmentation du nombre d'êtres humains y travaillant. Un homme peut, peut-être, ne jamais faire le geste qu'il ne faut pas faire. Dix hommes, c'est moins sûr. Dix mille, ça ne l'est plus du tout.

Et ils font abstraction de la durée. Pour eux, demain est un autre aujourd'hui, impeccable comme lui. Alors que la succession des jours et des années apporte une succession de possibilités de défaillance des hommes et des machines.

C'est pourquoi il faut trouver le moyen de stopper le nucléaire le plus vite possible, après avoir été obligé de faire appel à lui. Sinon, si le nucléaire **dure,** un jour ou l'autre, un accident grave se produira. **C'est inéluctable.**

On ne cesse de nous répéter qu'il y a eu moins d'accidents dans l'industrie nucléaire, depuis qu'elle existe, que dans n'importe quelle autre industrie. Dans le domaine des accidents mineurs, c'est exact. Et cet argument montre quel système de raisonnement utilisent les défenseurs de l'atome-inoffensif, essayant, par de telles comparaisons, de mettre l'industrie nucléaire sur le même plan que les industries classiques.

C'est un peu comme si on nous disait, montrant le tigre qu'on a muselé avec un bout de ficelle : « Voyez comme il est gentil, il ne m'a jamais mordu... Tandis que mon petit chat m'a déjà griffé sept fois... »

J'ai lu aussi les déclarations furibondes d'un de ces défenseurs, rappelant aux gens inquiets qu'il existe des poisons bien plus violents que le plutonium. Par exemple le venin de je ne sais quelle araignée sud-américaine, ou la toxine botulique, qu'on trouve dans les conserves de viande avariées.

C'est exact. Et voyez de nouveau, ici, la confusion volontaire : ce n'est pas en tant que poison que l'uranium est redoutable, mais par les radiations qu'il émet.

D'autre part, lorsqu'une boîte de conserve pourrie a empoisonné une famille, le mal s'arrête là. Et il ne viendrait à personne l'idée d'entasser 5 000 kilos d'araignées venimeuses pour leur faire fabriquer de l'électricité. En admettant qu'on le fît et qu'elles s'échappent, on réussirait à les détruire, ou elles mourraient de leur mort naturelle. Le plutonium, lui, ne meurt pas...

Les syndicats se préoccupent, avec juste raison, des petits accidents qui menacent la vie des ouvriers et techniciens à l'intérieur des centrales. Et ils veillent à ce que soient prises toutes les précautions, et d'autres encore. Mais ce qu'il faut envisager, c'est l'accident grave qui projetterait au-dehors tout ou partie du plutonium « confiné ».

Il ne serait pas plus grave, après tout, ou à peine plus, que le tremblement de terre de

Lisbonne ou l'incendie de Londres ou de San Francisco. L'humanité les a digérés. Elle accepterait peut-être de payer ce prix pour assurer sa prospérité.

Mais le nucléaire ne se digère pas...

Un accident nucléaire a ceci de particulier qu'il ne se termine jamais.

Mille ou cent mille morts dans les vingt-quatre heures ou les vingt-quatre semaines, ce n'est que le commencement...

Si le plutonium s'évade d'une centrale, rien ne pourra arrêter sa dissémination par le vent, par la pluie, le temps. Rien ne peut plus le détruire quand il est en liberté. Il continuera de s'étendre et de tuer, silencieusement. Il a tout son temps. Cent mille ans pour tuer. Sans s'arrêter une seconde.

Et s'il n'y a jamais d'accident ?

Jamais ? Vous y croyez ? Vous croyez que, tout à fait au fond d'eux-mêmes, **ils** y croient ?

Eh bien faisons comme eux : croyons-y, ou faisons semblant.

Il n'y a pas d'accident.

Mais il y a les déchets...

Il y a les déchets...

Les centrales fabriquent sans arrêt des excréments empoisonnés dont on ne sait que faire. Plus exactement, on ne peut rien en faire. Il n'existe **aucun moyen** de les rendre inoffensifs.

Il y a les poisons légers, gazeux ou liquides, qu'on se contente de laisser partir dans l'atmosphère et dans les eaux de rejet, en se persuadant qu'ils ne feront de mal à personne.

Il y a tout ce qui approche des éléments radioactifs, et qui devient radioactif à son tour : emballages, outils, tuyaux, vêtements protecteurs, éléments de l'installation désaffectés, conteneurs vides, véhicules coincés, vieilles pantoufles, gants, mégots, poussière... Tout ce rebut devenu plus ou moins mortel, on le casse, on le pile, on l'enveloppe, on l'enferme, on l'isole, et on n'y pense plus.

Il y a le sodium devenu lui aussi radioactif et dont il faudra bien purger de temps en temps les circuits de refroidissement. Deux mille tonnes par-ci, trois mille tonnes par-là...

Il y a enfin le plutonium lui-même, présent dans toutes les barres et aiguilles de matières fissiles retirées du cœur des centrales après usage, présent encore même après leur retraitement par l'usine de la Hague. Il s'y trouve mêlé à d'autres éléments, certains inoffensifs, quelques-uns plus ou moins dangereux. On enferme tout cela dans des barils de béton ou de métaux infranchissables aux radiations, introuables et imbrisables.

Infranchissables, introuables, imbrisables ?... Oui, au moment où on y enferme les déchets. Mais sous l'influence de la radioactivité la chaleur augmente sans cesse à l'intérieur des barils. Et la corrosion suit. Attaqués sans répit par l'agressivité du plutonium, de l'uranium et des autres éléments radioactifs, le béton s'effrite, les métaux inoxydables deviennent peu à peu autre chose que ce qu'ils sont, ramollissent, s'oxydent, et on ne sait combien de temps il faudra pour qu'ils s'ouvrent de toutes parts, comme du beurre. Un savant américain a déclaré que seul l'or était susceptible de résister réellement au plutonium. Voilà un bon emploi pour les collines de lingots qui dorment, inutiles, dans les caves des banques mondiales... Mais il est peu probable que les économistes et les financiers acceptent ce sacrifice. Qui serait très rapidement, d'ailleurs, insuffisant. Car la production de déchets ne s'arrête pas, et augmente à la mise en route de chaque nouvelle centrale

On ne sait où mettre les foules de barils. Innocemment on commença par les jeter à la mer. Eaux primordiales, eaux maternelles, énorme ventre où nous jetons toutes nos pourritures et qui s'en nourrit et les transforme en nouvelles vies innombrables... Mais le plutonium, l'uranium et les autres « iums » maléfiques ne se laissent transformer en rien de vivant, et transforment les vies minuscules, comme les gigantesques, en boues et en cendres... Des savants protestèrent dans le monde entier contre ces immersions. Il y a vingt ans, déjà, le professeur Fontaine écrivait : « **Si l'on continue à jeter à la mer les déchets radioactifs au rythme actuel, leur radioactivité sera, en l'an 2000, équivalente à celle de 400 000 tonnes de radium. Assez pour tuer tous les poissons... Et les humains consommant les poissons !** »

Si dans dix, vingt, cent ans, les barils s'ouvrent au fond des eaux, c'est en effet tout le cycle de la vie marine qui sera détruit, et avec lui tout l'équilibre de la vie terrestre. Le commandant Cousteau, qui connaît mieux que personne ce que nous devons à l'univers marin, dut passer un jour à l'action. En compagnie d'une centaine de volontaires, il se coucha en travers des rails, devant un train de déchets, dont le contenu tout entier allait être déversé en Méditerranée.

Depuis, partout, on hésite. Certaines nations font encore des immersions clandestines, en Atlantique notamment, mais il semble bien qu'en

France on ait renoncé à jeter les barils en mer. Alors qu'en faire ?

Aux États-Unis on en bourre les Montagnes Rocheuses. En France, on les met en tas.

Depuis peu, les atomistes français utilisent une nouvelle technique. Ils incorporent les déchets, desséchés et pulvérisés, à du verre fondu. Mais que deviendra ce verre sous l'effet des bombardements du plutonium dont le voilà en partie constitué ? On ne sait pas. Il est extrêmement probable qu'il se fissurera, s'émiettera, deviendra poussière. Poussière au plutonium, mortelle pendant mille siècles...

Alors, comme le reste, on l'enferme dans des barils. Et on en fait des tas...

On ne sait déjà plus que faire des tas...

On envisage de les enfouir dans des mines de sel, dans des couches de granit ou d'argile.

« ... On recherche actuellement les endroits où la géologie permet d'affirmer que ces couches sont d'une stabilité à l'échelle des millions d'années... » (E.D.F., *Que choisir ?* Numéro spécial : « Nucléaire »).

... « où la géologie permet d'affirmer... »

La géologie permet d'affirmer ?... Rien du tout ! Elle ne connaît que très approximativement l'histoire de la Terre. Pour la raison très simple que la vie de celle-ci et celle d'un géologue ont des durées incommensurables. Et ce que nous connaissons et ce que nous supposons de son passé ne peut en aucune façon nous « permettre d'affirmer » quoi que ce soit concernant son avenir, même immédiat. Toutes nos connaissances millénaires n'englobent qu'un instant éclair de la vie de l'univers, dont la Terre est un fétu. Nous ne pouvons avoir **aucune certitude.** Dans cent ans, vingt ans, ce soir, l'inattendu peut se produire. La simple météo nous surprend chaque jour...

C'est comme si un moustique, qui vit quelques heures, se basant sur son expérience et sur le savoir de cent générations de moustiques, prétendait connaître le passé et prévoir l'avenir de l'homme dont il pique un coin de peau, et dont le sang le nourrit.

Par contre, le bon sens, lui, permet d'affirmer qu'en accumulant les déchets qui resteront mortels pendant des centaines et des centaines de siècles, que ce soit dans la terre, dans l'eau ou à l'air libre, **et sachant que nous ne pgssédons aucun moyen d'empêcher ces déchets de sortir de leur confinement au bout d'un temps plus ou moins long,** nous accumulons les chances de longue mort pour tous nos descendants et tous les autres êtres vivants, leurs compagnons.

C'est pourquoi il faut **cesser de faire des tas** le plus tôt possible, c'est-à-dire remplacer le nucléaire dans le plus bref délai.

Ce qui déchaîne la violence, provoque les attentats contre les installations de l'E.D.F., ce n'est pas seulement la volonté de protester contre l'édification des centrales nucléaires, mais aussi, j'en suis certain, même s'il n'est pas conscient, le besoin furieux de briser le front têtu, le front borné, le front stupide du mensonge.

Messieurs les ingénieurs, techniciens, économistes et politiques de tous rangs, quand vous affirmez, avec mille arguments à l'appui, que le nucléaire n'est pas dangereux, **vous savez bien que personne ne peut vous croire.**

Alors pourquoi mentir ? Pour qui nous prenez-vous ? Votre attitude est infantile. Vous êtes pareils au bébé qui, la bouche barbouillée de chocolat, jure qu'il n'en a pas mangé.

Et votre mensonge est traumatisant pour les jeunes dont vous empoisonnez l'avenir en leur assurant que vous le faites pour leur bien. Vous leur tendez un bouquet de ronces au curare en prétendant que ce sont des marguerites. Vous leur donnez l'envie de vous le faire avaler, de casser vos mensonges en morceaux sur votre visage.

La violence est la pire des solutions. Elle ne résout rien, attire la réplique d'une autre violence, crée l'incompréhension et la confusion. Ceux qui font sauter les pylônes de l'E.D.F. braquent **contre eux** des millions de gens dont la place doit être **avec eux.** Car c'est de leurs vies à tous qu'il s'agit, et des vies de leurs enfants et des enfants de leurs enfants, jusqu'à la millième génération.

Mais cette violence inutile et bête est provoquée par votre mensonge stupide et inefficace. Nous ne pouvons évidemment pas vous croire quand vous dites que le nucléaire est sans danger. Qui le croirait ? Si vous l'affirmiez à une chèvre, elle vous mordrait ; si vous l'écriviez sur un mur il s'écroulerait. Vous nous affirmez que le soleil brille à minuit. Nous n'avons pas envie de rire, mais de crier, car il y va de l'aube prochaine... Et votre imposture générale fait que nous nous mettons à douter de vos affirmations de détail, des mille précautions que vous prétendez avoir prises, de leur efficacité, de leur réalité. Nous nous demandons si vous n'êtes pas tout simplement en train de bricoler avec la mort.

Il faut dire la vérité aux Français.

Il faut leur dire : « Oui le nucléaire est dangereux, très dangereux. **Et nous le savons.**

« Mais nous ne pouvons éviter de l'employer, dans l'immédiat. En quantité.

« Voici ce qui vous arriverait si nous ne l'utilisons pas. »

Et leur dresser le tableau vrai, sans dentelles verbales, de ce que deviendrait, en un temps incroyablement bref, notre pays, si son robinet d'énergie s'étranglait. Fin des industries. Chômage. Misère. Pourrissement des agglomérations urbaines. Famine. Guerre civile.

Et ajouter :

« Pour pallier ce danger nous avons choisi d'en courir momentanément un autre, celui de l'utilisation de l'énergie nucléaire, auquel nous avons la conviction, grâce à nos techniciens et nos savants, de pouvoir faire face. Mais nous savons que malgré toutes les précautions prises un accident est toujours possible. Ce que nous ne savons pas, c'est quelle serait l'étendue de ses conséquences. Elle pourrait être limitée. Elle pourrait être sans limites dans l'espace et dans le temps.

« Nous savons également qu'il n'y a pas de solution satisfaisante au problème des déchets, et que nous n'en entrevoyons aucune dans l'avenir, et que ce danger, **celui-là absolument inévitable,** grandit à mesure que les déchets s'accumulent.

« Pour ces raisons, nous sommes décidés à mettre fin, dans le plus bref délai, à la construction et à l'utilisation des centrales nucléaires, actuellement indispensables.

« Et nous allons mobiliser toutes les intelligences et toutes les ressources du pays pour disposer, très vite, de nouvelles énergies, en remplacement du pétrole et du plutonium. Ces énergies existent, sur et sous notre sol, disponibles partout. Mais la technologie susceptible de les capter et de les rendre utilisables n'existe pas encore. **En notre temps, un problème purement technique ne reste jamais sans solution.** Mais parce qu'il faut faire vite et **tout essayer,** la mise en place des solutions coûtera cher. Il y faudra des sacrifices.

« Nous vous demandons d'accepter d'affronter avec nous le danger momentané du nucléaire, en ayant conscience que tout est fait pour le museler. Et nous vous demandons de nous appuyer, sans restriction, dans notre lutte contre la montre pour la mise en place des énergies nouvelles. Nous allons tout faire. Soyez tous avec nous. »

On attrape les Français électeurs avec la confiture des promesses et des grands mots vagues. Mais les Français citoyens ne sont mobilisables que par la vérité. Celle-ci serait exaltante. Construire l'avenir, en acceptant de prendre des risques, qui ne l'accepterait ?

Encore faudrait-il que cette vérité fût **vraie**. Où en sommes-nous dans la recherche des énergies de remplacement ?

J'ai rendu visite au Délégué aux Énergies Nouvelles. C'est un homme intelligent, courtois, efficace, à l'esprit ouvert vers tous les horizons. Étant données l'urgence et les dimensions du problème, je pensais le trouver à la tête d'un des départements les plus importants du gouvernement.

Je l'ai trouvé logé dans un bout d'étage mansardé. Il dispose de cinq collaborateurs et d'une dactylo.

Et d'un budget d'école maternelle.

C'est tout.

Je vous écris cette lettre alors que l'hiver roule dans notre ciel des nuages qui voudraient nous faire croire qu'il n'y aura plus de printemps. Il ne faut jamais se laisser convaincre par le ciel des mauvaises saisons.

Quand vous la lirez, la France sera peut-être en pleine tempête électorale, peut-être en ses lendemains essoufflés. Avant ou après les élections, c'est sans importance. Vous vous rendez bien compte qu'il s'agit ici de quelque chose de plus grave que la politique, ses combats de guignols, ses tempêtes dérisoires, ses aveuglements perpétuels.

Quels que soient le gouvernement et les partis au pouvoir, et ceux qui viendront ensuite, le problème de l'énergie se pose et se posera à eux avec la même gravité et une urgence encore plus grande. Et la même solution, parce qu'elle est prête, sera accueillie par tous avec soulagement : le nucléaire.

Il est là. Il est prêt. Nous en avons besoin.

Prenons-le. Tout de suite. Après on verra. Après... Après...

Les hommes au pouvoir, qu'ils s'y maintiennent ou qu'ils y arrivent, sont bousculés par la multiplicité des urgences comme un trois-quarts porteur du ballon par le paquet des avants de cent kilos qui lui foncent dessus. Pas le temps d'élaborer une stratégie. D'abord parer au danger : il botte en touche... Cela ne l'empêchera pas, d'ailleurs, de recevoir des coups...

Comment un chef d'État, un chef de gouvernement, un économiste, pourrait-il penser avec sérieux, avec calme, à l'avenir, alors que, chaque jour, lui saute à la gorge la meute des problèmes d'hier et d'avant-hier non encore résolus ?

Remplacer le nucléaire ? Mais nous commençons à peine de le mettre en place !... Ça peut attendre... Le chômage n'attend pas... La hausse des prix... l'inflation... le smic... les grèves... la relance... les salaires... Laissez-nous respirer !...

C'est pourquoi les énergies nouvelles sont dans une mansarde. Demain peut-être, ou après-demain, elles auront une tour, une armée de fonctionnaires, un gros budget...

Demain, il sera trop tard. Aujourd'hui est déjà très tard...

Le temps de respirer, ils ne l'ont pas, ils ne l'auront jamais... Ils ont la tête dans le paquet, ils se mordent les oreilles et se donnent des coups de genoux dans les dents. Et la mêlée reste sur place. C'est à nous de leur crier l'urgence véritable, et de crier encore jusqu'à ce qu'un des responsables du jeu dresse la tête hors du pack et regarde, enfin, en avant.

Si nous les laissons à leurs jeux, à leurs préoccupations habituelles, il n'y a aucun espoir... Après avoir découvert la mansarde des énergies nouvelles, j'ai cherché en vain, dans les textes de tous les partis politiques, une trace quelconque de l'inquiétude concernant les vraies menaces de l'avenir. Dans le Programme Commun, pas une page, pas une ligne, pas un mot concernant les problèmes de l'énergie... Mais on connaît la position du parti communiste. Elle est exactement la même que celle des partis du centre et de droite : « Avec le nucléaire tout va bien. A fond avec et pour le nucléaire ». Le parti socialiste, humant dans le vent le fumet écologiste et des voix à gagner, a proposé d'arrêter la construction des centrales pendant deux ou trois ans, et de réfléchir...

Réfléchir ! Penser !... Les sourcils froncés, l'index au menton, pendant que le bateau où nous sommes embarqués est menacé à la fois par voie d'eau et par incendie... Voilà la plus belle image de l'inconséquence politique qu'on nous ait présentée depuis longtemps...

Non, on n'a pas le temps, absolument pas le temps de réfléchir. Un an de perdu peut être mortel. La seule attitude raisonnable, logique, pour tout gouvernement, la seule action imposée non par des « idées » mais par l'évidence des faits, en dehors de toute considération électorale, c'est : **pour ET contre le nucléaire, à toute vitesse, à fond, EN MÊME TEMPS !**

Les énergies nouvelles, c'est donc sérieux ?

Pour les techniciens et savants du nucléaires, ce sont des gadgets. Des hochets pour écologistes barbus éleveurs de fromages de chèvres.

Effectivement, pour le moment, ce n'est guère plus.

Leurs possibilités ont été volontairement mises sous le boisseau parce que toutes les ressources financières étaient jetées dans la balance de l'atome. Il valait mieux n'en pas parler tant qu'on n'en faisait rien, et on n'en pouvait rien faire tant que le nucléaire dévorait toutes les ressources.

Un tableau publié par E.D.F. dans le numéro spécial de *Que choisir ?* prévoit pour 1985 une consommation totale d'énergie primaire, en France, de 232 millions de tonnes — équivalent-pétrole. Dans ce chiffre, la part fournie par les énergies nouvelles serait de 3 millions de tonnes. C'est-à-dire à peine plus d'un pour cent...

Hochets, gadgets...

Si on décidait, dès aujourd'hui, de consacrer

aux énergies nouvelles un budget égal à celui du nucléaire, on n'obtiendrait pas d'elles, en 1985, une proportion bien supérieure. **Car tout est à faire.** Raison de plus pour ne pas perdre un jour.

Le potentiel des énergies nouvelles est immense, illimité. Elles peuvent pourvoir à tous nos besoins, même décuplés. Et nous ne les épuiserons jamais...

Elles nous viennent des quatre éléments dont est fait notre monde et qui entretiennent notre vie : l'air, l'eau, la terre et le feu. Il nous suffit de savoir prendre ce qu'ils nous offrent.

PREMIÈREMENT, L'AIR...

Le vent, depuis le commencement de la civilisation occidentale, a fait tourner les moulins pour broyer le blé et l'olive. Aujourd'hui, des éoliennes perfectionnées peuvent fabriquer de l'électricité pour un immeuble ou un village. Les Canadiens viennent d'expérimenter une éolienne d'invention française tournant autour d'un axe vertical. Elle ressemble aux deux signes d'une gigantesque parenthèse () collés l'un à l'autre. Essayer de mettre le vent entre parenthèses ?... Il s'échappe... En essayant de l'embrasser, elles tournent. Elles ont l'avantage de tourner à vitesse constante, à partir d'une certaine force du vent, et quelles que soient ses accélérations [1].

Mais pas plus que les autres modèles, cette éolienne ne fait face au problème posé par

---

1. *Voir* Sciences et Avenir, *janvier 1978.*

l'utilisation du vent : quand il ne souffle plus, naturellement, elle ne tourne plus... Et si c'est elle qui fabrique votre électricité, vous pouvez allumer vos bougies...

Aucun génie n'a encore eu l'idée simple qui permettrait de stocker l'électricité. Les accumulateurs sont encombrants, lourds, peu efficaces. Pour une grande installation, il en faudrait des volumes énormes. Ils ont quelque chose de primitif. Ils sont le char à bancs du progrès électrique. Ils le ralentissent à leur propre allure. Des travaux sont en cours un peu partout pour essayer de les transformer. On parle toujours d'améliorations sensationnelles pour demain. Demain...

Un moyen envisageable, pour stocker l'énergie du vent, serait de passer par l'intermédiaire de la chute d'eau. Des batteries d'éoliennes actionneraient des pompes qui feraient passer l'eau d'un réservoir bas, ou d'une rivière, à un réservoir haut. L'eau retomberait du haut vers le bas en faisant au passage tourner des turbines. Quand le vent cesserait de souffler, le réservoir haut aurait assez d'eau en réserve pour continuer d'alimenter les turbines.

De telles installations pourraient trouver place en montagne ou en bordure des mers ou des lacs importants. Elles auraient l'avantage de faire appel à des techniques qui existent déjà, et qu'on connaît bien.

DEUXIÈMEMENT, L'EAU...

Elle est déjà bien exploitée. On pourrait certainement barrer encore quelques cours d'eau, noyer quelques vallées, happer quelques marées, mais on ne pourrait sans doute pas augmenter de façon considérable ce qu'on obtient déjà de la houille blanche et verte.

Par contre, l'eau, toute l'eau du monde, est une réserve formidable d'hydrogène. L'eau, nous l'avons appris dès le biberon, c'est de l'hydrogène combiné à de l'oxygène. Au moment où ces deux corps se combinent, ils dégagent une grande quantité d'énergie. C'est cette énergie-là qui a poussé au derrière les fusées américaines et russes jusque sur la Lune, jusque sur Mars, Vénus, qui va les expédier hors du système solaire...

L'hydrogène est peut-être le pétrole futur. Il aurait l'énorme avantage de donner comme déchet... de l'eau. Nos fils verront peut-être circuler dans les villes et les campagnes des voitures brûlant de l'hydrogène, dont les tuyaux d'échappement cracheront de la vapeur... Les rues ruisselleront, les embouteillages seront enveloppés d'un cumulus...

Malheureusement, pour l'instant, il faut dépenser plus d'énergie pour séparer l'hydrogène de l'oxygène qu'on n'en récupérerait en les réunissant. Et son utilisation pose des quantités de problèmes. Mais on cherche, on cherche, c'est pour demain.

Demain...

On cherche aussi à utiliser l'hydrogène pour établir un « nouveau-nucléaire ». Celui de la **fusion,** opposé à celui de la **fission,** qui est celui de l'uranium et du plutonium. Le nucléaire actuel, à fission, est l'équivalent pacifique de la bombe A. Le nucléaire à hydrogène serait l'équivalent de la bombe H.

On obtiendrait des quantités d'énergie bien plus considérables, le matériau de base serait l'eau, c'est-à-dire qu'on ne risquerait pas d'en manquer et il semble que la fusion ne produirait pas de déchets dangereux, encore que tous les spécialistes ne soient pas d'accord sur ce point.

Mais si on sait faire péter — merveilleusement — la bombe H, on ne parvient pas, ni en Amérique, ni en U.R.S.S., ni en Europe, à rendre docile et utilisable cette puissance fabuleuse. Pour « allumer » la fusion, il faut, au départ, obtenir et maintenir une température d'environ cent millions de degrés !... Inévitablement, une telle température volatilise l'installation qui a permis de l'obtenir...

Le problème consiste, à peu près, à faire entrer et à contenir un volcan dans une boîte d'allumettes. On n'y est pas encore parvenu, mais on ne se décourage pas...

Le physicien René-Louis Vallée croit pouvoir donner les raisons précises de cet échec. Il déclare que sa théorie unitaire de la physique : la Synergétique, l'explique et avait permis de le prévoir. Il affirme que le système du « Tokamak » adopté en Europe pour rechercher la fusion, ne permettra jamais d'obtenir celle-ci. Le Tokawak a été conçu par des physiciens soviétiques. C'est un anneau creux de 2 m de diamètre contenant du deutérium (hydrogène lourd issu de l'eau lourde) qu'on chauffe violemment au moyen d'une décharge électrique extrêmement puissante. Cette très forte température (on cherche à obtenir cent millions de degrés) devrait avoir pour effet d'arracher des électrons aux noyaux d'hydrogène et de leur communiquer une vitesse telle qu'ils soient amenés à *fusionner*. L'hydrogène se transformerait alors en hélium, ce qui s'effectuerait en dégageant une énergie évaluée à 3 millions d'électrons-volt.

Ni en France ni ailleurs, on n'est parvenu avec le Tokamak à dépasser les 20 millions de degrés pendant une nanoseconde, c'est-à-dire un milliardième de seconde...

La seule réussite, pour le moment, dans le domaine de la fusion, est la bombe H. Pour obtenir la température voulue pendant le temps nécessaire, on enferme dans la bombe H une bombe A, qu'on fait exploser. Il n'est guère possible, dans le domaine civil, d'utiliser cette sorte d'allume-gaz...

Le Pr Vallée a exposé sa théorie dans un livre [1]. Faute de pouvoir le lire, car son contenu passe largement au-dessus de mon bagage mathématique et physique, je dois me référer aux commentaires qu'il a suscités. Si j'ai bien compris, son système, la Synergétique, est bâti sur la théorie suivante : il existe une énergie universelle diffuse, elle existe partout, et les formes d'énergie que nous connaissons (gravitation, champ magnétique, etc.) ne sont que ses manifestations particulières.

L'énergie universelle ! C'est une idée qui m'est chère depuis toujours. Je crois que l'univers n'est qu'un immense tourbillon de tourbillons d'énergie, une extravagante symphonie en ronds, depuis les rondes lentes et démesurées des galaxies jusqu'aux vertigineuses rotations des

---

1. *L'Énergie matérielle et gravitationnelle* (Masson 1971). Épuisé. Réédité en 1977 par la SEPED, 16 *bis*, rue Jouffroy, 75017 Paris. SEPED est le sigle de la *Société pour l'étude et la promotion de l'énergie diffuse*, fondée pour défendre et épauler le Pr Vallée.

minuscules roulements à billes, les atomes, dont nous sommes faits, nous, vivants, et toute la matière. Et la tornade générale se poursuit certainement bien au-delà, dans les deux directions, celle du gigantesque et celle de l'infime. L'énergie est. Partout. L'énergie est l'eau primordiale, le matériau polyvalent dont tout est construit. Nous baignons dedans, et notre dedans, c'est elle. Votre cher corps parfait ou tordu, votre sublime cerveau, votre cor au pied, votre estomac aigre, monsieur, votre mignon derrière, madame, et vos seins mollets ou à la coque, et le soleil et le Mont Blanc, et le « vide » intersidéral, **c'est la même chose** sous des formes différentes, et la pesanteur, l'électricité, la lumière, c'est encore la même chose. Il n'y a qu'UN, dans la multiplicité de ses combinaisons et de ses apparences.

Seul, un phénomène étrange, **la vie,** unique et incompréhensible, impossible à mettre en équations, émerge de cette danse et s'en différencie absolument, bien qu'il dépende d'elle de façon totale pour sa manifestation et son existence.

Ma conviction d'une énergie unique, où nous sommes et que nous sommes, m'a amené à exprimer plusieurs fois l'espoir que l'homme, un jour, réussirait à la transformer à son gré et à l'utiliser, sans avoir besoin de passer par le puant pétrole ou le plutonium diabolique. La Synergétique du Pr Vallée, si j'en crois ses disciples, rendrait cela possible.

Vallée est un physicien de formation classique, un chercheur qui a exercé pendant dix-huit ans au Commissariat de l'Énergie Atomique. Sa Synergétique, il l'a exposée théoriquement dans son livre. Il se proposait, logiquement, de la démontrer ensuite par la méthode scientifique de l'expérience, mais sa théorie bousculait les habitudes de pensée et de travail qui sont, depuis un demi-siècle, fondées sur la relativité. C'est sans doute trop d'audace. Toute expérimentation lui fut interdite dans le cadre du Commissariat à l'Énergie Atomique, et, comme il persistait, il fut obligé de quitter le C.E.A.

Je ne sais pas si Vallée est un génie ou un rêveur [1]. Peut-être la coïncidence de sa théorie et

---

1. Dans les *Écrits de Paris* (décembre 1977), Pierre Gérard expose : « *La Synergétique a prouvé sa valeur en se montrant prédictive. Dès 1971, elle annonçait les particules « psi », découvertes en 1974 à Brookhaven et à Stanford, les courants neutres, mis en évidence en 1975 au CERN de Genève, et en donnant la raison de l'absence de neutrinos dans le rayonnement solaire, à laquelle se heurtent sans se l'expliquer les astro-physiciens attachés à la conception einsteinienne d'un espace vide.*

« *Enfin, non seulement elle a élucidé le mystère de la stérilité énergétique du Tokamak, mais encore, comme on va le voir, elle met à profit un incident qui a endommagé ce tore pour proposer un mode d'exploitation direct de l'énergie gravitationnelle.*

« *Selon la physique relativiste, les électrons du plasma arrachés par la chaleur aux noyaux ne sauraient retomber sur eux et sont au mieux satellisés. Au contraire, la Synergétique enseigne que cette retombée devient possible sous l'action conjuguée d'un champ électrique et d'un champ magnétique de même axe, condition précisément réalisée dans le Tokamak.*

« *En retombant sur un noyau de deutérium, l'électron provoque sa fission en deux neutrons. Comme la fission des éléments légers est endothermique (c'est-à-dire qu'elle absorbe de la chaleur pour se* de mon intuition — qui, elle ne prétend pas être scientifique ! — m'incline-t-elle en sa faveur. Mais Einstein lui-même n'a-t-il pas, toute sa vie, cherché avec acharnement la formule du champ universel ? Si Vallée l'avait trouvée ?

Le 23 janvier 76, une expérience a été faite à l'U.E.R. de physique de Paris 7, d'après la description donnée par Vallée en 75 d'une « pile synergétique ». On en trouvera le compte-rendu dans le N° 69 de la revue **La Recherche**. Les résultats de cette expérience ont été négatifs. Mais il est bien évident qu'une seule expérience ne suffit pas. Quantité de chercheurs, dans tous les domaines, ont dû modifier de nombreuses fois leur dispositif expérimental avant d'obtenir la première petite trace du résultat qu'ils escomptaient. La moindre des choses serait de donner à Vallée la possibilité de poursuivre l'expérimenta-

---

produire à l'inverse de celle des éléments lourds), elle absorbe l'énergie injectée par la décharge au lieu d'en dégager. On n'obtiendra donc jamais la fusion avec un Tokamak.

« En revanche, un incident insolite se produisit en 1973, qui aurait dû lancer nos physiciens sur une piste autrement fructueuse.

« Ce Tokamak, dont on espérait en vain, et au mieux, une énergie de 3 MeV, développa soudain une pointe de 6 MeV, ce qui entraîna la fusion... de son enveloppe. Rien, dans les théories relativistes, ne permettait d'expliquer ce phénomène. Aussi l'imputa-t-on un peu rapidement à des « effets » parasites...

« Comme on avait par ailleurs observé que l'engin avait émis en cette occasion un fort rayonnement « bêta » (comportement aussi étrange pour un tore de fusion qu'un chat se mettant à aboyer) et reconnu la présence dans le plasma d'impuretés où dominait l'oxygène, le professeur Vallée montra que cet incident apportait la preuve fortuite, mais indéniable, de la possibilité d'exploiter directement l'énergie gravitationnelle... »

tion commencée. Ou bien il prouve la validité de sa théorie, et le monde entier y gagnera, ou bien il se prouve à lui-même qu'elle ne vaut rien, le voilà confondu et la science orthodoxe recouvre sa paix un instant troublée.

Étant donnée la gravité de la situation de l'énergie qui met en cause l'existence même de notre civilisation, **rien ne doit être négligé,** aucune hypothèse, même si elle paraît folle, ne doit être rejetée à priori. Des lettres de fous qui prétendent sauver le monde, tous les journaux, revues et ministères spécialisés en reçoivent constamment. Les vrais délirants, on les reconnaît tout de suite. Mais il y a toute une plage où il est difficile de trier le farfelu qui semble logique, et le valable qui semble extravagant simplement parce qu'il est nouveau. Dans l'état actuel des choses on ne peut se permettre de laisser passer la moindre possibilité d'en sortir. **Tout ce qui prête à l'espoir ou au doute doit être essayé.**

TROISIÈMEMENT, LE FEU...

Depuis qu'un homme, surmontant sa peur, empoigna un brandon à la lisière d'une forêt incendiée par la foudre, et s'en servit pour enflammer son propre tas de bois, le feu a été le grand facteur permanent du progrès matériel. Dans les temps modernes, il a permis aux humains, par la machine à vapeur, le moteur à explosion et la fusée, de créer les transports et l'industrie, et de quitter la Terre. Il est créateur et destructeur. Il est la chaleur du foyer familial et celle d'Hiroshima. Ses plus récents générateurs sont le charbon, le pétrole et le plutonium. Le charbon va s'épuisant, le flux du pétrole dépend de l'étranger, le plutonium est haïssable ; il nous reste à nous tourner vers la source première de toutes les formes du feu, cachées ou évidentes : le Soleil.

Le Soleil nous inonde chaque jour d'une quantité formidable d'énergie, qui est loin d'être perdue. Les cellules végétales, usines plus perfectionnées encore que celles de notre corps, fabriquent de la matière en utilisant et unifiant en elles les quatre éléments : la terre dont elles absorbent certains minéraux, l'eau, qui dissout et transporte ces derniers à l'intérieur des végétaux, l'air, dont les feuilles absorbent alternativement l'oxygène et le gaz carbonique, et le feu lointain du soleil, qui forge le tout ensemble sur l'enclume de la chlorophylle.

Le monde végétal est le meilleur transformateur de l'énergie solaire. Il la capte et la fixe sous forme de plantes, de fruits, d'herbes, que mangent les herbivores, que mangent les carnivores, et l'homme mange tout. Quand vous mangez une laitue, une fraise, une tranche de faux-filet, vous mangez du soleil. Le soleil entretient sans arrêt le miracle permanent et fragile de la vie.

Il est possible, sans troubler cette fonction essentielle, de capter une partie de cette énergie prodiguée, pour la transformer en chaleur ou en courant électrique.

Deux voies sont pour l'instant ouvertes dans lesquelles on s'engage timidement. La première consiste à faire chauffer de l'eau « au soleil » dans des « panneaux solaires » et à chauffer, avec cette eau, les habitations. Dans le même esprit, on peut encore concentrer l'énergie solaire au moyen de miroirs, pour faire bouillir de l'eau et, avec sa vapeur, actionner des turbines qui fourniront de l'électricité. Ce sont les « centrales solaires ».

Contrairement à ce qu'on pourrait penser, c'est le chauffage non concentré qui est le plus efficace. Il est actuellement assez au point pour qu'on puisse envisager de fournir à un très grand nombre d'immeubles, sinon un chauffage total, au moins de l'eau chaude au robinet toute l'année. L'installation d'eau chaude ne coûte pas très cher et l'État la subventionne. L'eau chaude, ensuite, est gratuite... Ou, plutôt, elle ne coûte pas plus cher que l'eau froide... Et elle continue d'être chaude même pendant les grèves...

Quant aux centrales solaires, elles posent le même problème que les éoliennes : comment stocker l'énergie qu'elles produisent pendant que le soleil brille, pour la consommer pendant la nuit ? Nous voilà revenus aux accumulateurs-culs-de-plomb... Ici encore on entrevoit comme solution possible l'échange d'eau entre un réservoir bas et un réservoir haut. Je pompe en bas, je stocke en haut, je fais couler du haut en bas...

Cela fait penser au problème de la cuve et des robinets, mortelle épreuve des élèves des classes primaires. Je n'ai jamais réussi à le calculer jusqu'au bout. Il me donnait une envie furieuse de percer cent trous dans la cuve à coups de hache, ou de la vider une fois pour toutes, jusqu'à la dernière goutte, sur la tête de l'instituteur. Malheureusement, elle n'était que cuve théorique...

La deuxième voie d'utilisation de l'énergie solaire consiste à la transformer directement en énergie électrique par l'intermédiaire de cellules photoélectriques. Mais celles-ci ont un rendement faible et coûtent horriblement cher. On ne peut pas envisager actuellement de les utiliser en masse pour obtenir de grandes quantités d'électricité. Dans ce domaine aussi, des recherches sont en cours, et on prévoit de grands progrès. Pour demain... S'ils se réalisent, on se trouvera encore une fois devant l'obstacle du stockage, car le soleil ne brillera pas plus la nuit pour les cellules que pour les miroirs et les panneaux.

Maudite obscure nuit toujours recommencée, ténèbres toujours revenues à chaque soir de notre vie, on ne pourra donc jamais vous effacer?

On peut les dominer...

Les grandes équipes de chercheurs américains ont conçu, dans tous ses détails, un projet fantastique mais parfaitement réalisable. Un immense capteur solaire composé d'une multitude de multitudes de cellules photoélectriques serait construit... dans l'espace. Expédié en pièces détachées, monté sur place par des équipes de techniciens en scaphandre travaillant en apesanteur, il serait mis en orbite à une altitude et un emplacement qui lui permettraient de ne jamais être pris dans l'ombre de la Terre... Il baignerait alors dans une lumière solaire perpétuelle et totale, que ne diminueraient plus ni l'atmosphère ni les brumes et nuages. Il pourrait fabriquer assez d'électricité pour subvenir aux besoins d'une nation...

Mais comment faire parvenir ici-bas l'electricité fabriquée là-haut ?

La réponse envisagée est celle-ci : une station adjointe au capteur transformerait en micro-ondes l'électricité fabriquée par lui. Les micro-ondes, par le moyen d'une antenne directionnelle, seraient envoyées en faisceau vers une usine au sol qui les reconvertirait en électricité. Cela paraît simple, séduisant, extravagant, facile. Mais...

Les micro-ondes, ce sont ces farfadets qui, dans des fours sophistiqués qu'on peut admirer aux successifs salons des Arts ménagers sans avoir jamais les moyens de se les offrir, cuisent un poulet en trois secondes... On imagine ce qu'elles feraient d'une population si l'antenne « directionnelle » se mettait tout à coup à avoir la danse de Saint-Guy, là-haut dans le ciel, et à promener son pinceau d'ondes sur les villes et les campagnes...

Le Grand Capteur, ce n'est donc pas pour demain, ni pour après-demain.

Dans l'état actuel des connaissances et des techniques, nous pouvons tirer du soleil une énergie d'appoint non négligeable, mais tout à fait insuffisante pour faire face aux besoins d'une civilisation qui cherche le moyen de ne pas s'écrouler brutalement.

QUATRIÈMEMENT, LA TERRE...

La Terre, enfin...
La Terre notre mère. Notre mère ronde comme un sein, notre mère tiède que nous ne cessons de téter jusqu'au moment de notre mort. Et qui nous récupère ensuite tendrement et se referme sur nous et nous absorbe, avant de nous redistribuer dans d'autres formes de sa vie innombrable.
Que connaissons-nous d'elle ? Rien. Paradoxalement, il a fallu que nous la quittions pour la voir enfin. Souvenez-vous de la bouleversante découverte de son visage : l'image de la Terre bleue et verte, avec les frisettes blanches de ses nuages, voguant au-dessus du paysage ravagé de la Lune... Telle que la voyaient ses premiers enfants posés ailleurs que sur elle...
Ici, nous ne connaissons même plus le grain de sa peau, nous tournons le dos à ses collines, nous appliquons sur sa chair, entre elle et nous, des

cuirasses de béton. Et ce que de savants astronomes savent de son poids, de sa taille, de sa ronde autour du soleil, ils l'ont calculé enfermés entre quatre murs.

Les géologues, les chercheurs de pétrole vont la voir d'un peu plus près. Ils l'auscultent, la tapotent à coups de dynamite, enregistrent ses frissons, lui enfoncent des thermomètres dans les narines, lui font de-ci de-là un petit prélèvement de tissus. Une biopsie, diraient les médecins. Tout cela est extrêmement superficiel. Toutes les espèces végétales et animales, depuis qu'elles existent, y compris l'espèce humaine avec son avidité et ses excès, n'ont fait que lui gratouiller la surface de la peau. Son corps, qui nous transporte à travers le temps et l'espace, nous est aussi étranger que l'estomac du chien à la puce qui se promène sur son dos. Il semble que ce soit un gros corps mou, pâteux, une sorte de goutte de confiture céleste brûlante, juste tombée de la casserole et à peine cristallisée à sa surface. La petite croûte de sucre refroidi qui nous supporte et nous nourrit est d'une minceur terrifiante. Le diamètre de la Terre, à l'Équateur, fait en gros 12 750 km. L'épaisseur de la croûte terrestre atteint, croit-on, sous les continents, 80 à 100 km. Ça ne vous frappe pas ? Réduisez les dimensions en gardant les mêmes proportions.

Imaginez que la Terre ait la taille d'une orange : 10 cm de diamètre.. Prenez-la dans la main... Attention !... Ne serrez pas !.. Son écorce, notre écorce, a moins d'un millimètre d'épaisseur...

C'est sur cette pellicule que nous nous agitons, que nous bâtissons nos cités, nos empires et nos rêves, que nous nous déchirons pour des idées ou pour la possession de quelques grains de poussière. Au-dessous, c'est le feu...

C'est le magma, la lave, les minéraux et les roches fondus, la lourde confiture dont la température va de plusieurs milliers de degrés à peut-être plusieurs millions au centre de la sphère, là où la matière se trouve dans un état que nous ne pouvons imaginer, par suite des pressions de milliards de tonnes qu'elle subit.

Cette masse en fusion, globe colossal d'énergie perpétuelle, inépuisable, envoie constamment vers l'extérieur une partie de sa chaleur. La croûte que nous piétinons la freine et la retient. Il nous suffit d'aller à sa rencontre pour la recueillir et l'utiliser.

Cette chaleur utilisable de la Terre, cette énergie potentielle à notre disposition partout, on l'a baptisée **géothermie.** Mais ce mot a pris rapidement un sens restreint, étriqué, passif. Et il sert maintenant, avec l'expression « énergie solaire » à décorer le paravent des « énergies nouvelles », derrière lequel il ne se passe rien. On a « encouragé l'utilisation de la géothermie ». C'est-à-dire l'utilisation des sources d'eau chaude ou des nappes existant à faible profondeur. On nous a même montré avec satisfaction, à la télévision, le village de Chaudes-Aigues, qui chauffe depuis toujours ses demeures auvergnates avec les eaux de ses sources à 80°, qui servent par ailleurs à faire cuire les rhumatisants... Voilà l'idéal : se garder les pieds au chaud pendant l'hiver... Voilà vers quoi on attire notre attention, afin de pouvoir ensuite affirmer : « La géothermie, c'est bien limité... »

Cette géothermie-là, c'est vrai, est très limitée. On ne peut prétendre l'utiliser à autre chose qu'à un chauffage modéré des habitations. Cependant les nappes d'eau chaude sont très nombreuses en France et leur exploitation ajoutée à celle de l'eau chaude solaire permettrait d'économiser une partie très appréciable d'énergie-pétrole ou d'énergie-plutonium. Mais elle ne saurait résoudre le problème urgent de l'énergie-civilisation.

Ce problème, la géothermie « profonde » peut le résoudre totalement, et dans des délais vitaux.

Pensez bien, et très simplement, à notre situation. Voyez la Terre, boule d'énergie de six mille milliards de milliards de tonnes, tournant tranquillement autour du Soleil avec ses joues rondes, et pirouettant sur elle-même en pinçant ses jupes d'air bleu. La danse est réglée par la musique universelle. Elle dure depuis quelques mesures de temps, se modifiant sans cesse dans l'harmonie et la grâce, avec un nombre infini de partenaires, dans toutes les dimensions des cieux.

Nous, les vivants, nés de la substance de la Terre et de la lumière du Soleil, avons une existence si brève que les figures du ballet nous paraissent éternellement pareilles. Le soleil se lève et se couche, le printemps succède à l'hiver, et voici Noël qui vient après d'autres Noëls. Cette apparente pérennité des mouvements de l'univers est pratiquement, pour nous, la vérité. Et parmi les vivants, nous, les hommes, avons trouvé le temps, en cet instant prolongé, d'inventer des civilisations et de les détruire. Et voici que nous arrivons de nouveau au sommet d'une de ces architectures et que nous la sentons vaciller, prête à s'écrouler par manque de force, ce qui est un autre nom de l'énergie. Alors, dans notre peur, en toute hâte, nous inventons un poison dont nous allons lui faire une injection massive, qui la maintiendra debout, raidie pendant un sursis plus ou moins long, mais qui risque de provoquer sa fin dans les flammes et les cendres, avec nous au milieu du brasier. Nous, tous les vivants. Cette fois-ci, ce n'est pas seulement la civilisation qui est menacée de finir, ce qui ne serait après tout qu'une péripétie, mais la vie.

Or voyez notre insanité : cette énergie qui nous manque, la Terre nous l'offre, partout, en abondance illimitée et inépuisable, et nous la méprisons...

Ce n'est que la suite logique d'une démarche générale de l'humanité qui depuis quelques siècles, et d'une façon accélérée depuis quelques lustres, se conduit à la façon d'un enfant gâté et hargneux, qui refuse le pain et le chocolat que lui tend sa mère, lui donne en remerciement des coups de pied, lui tourne le dos, et court vers la mare pourrie dont la surface brille comme l'or...

La Terre nous offre le renouvellement saisonnier des nourritures. Nous les empoisonnons, l'empoisonnons et nous empoisonnons avec les pesticides...

La Terre nous offre la dentelle ruisselante de ses cours d'eau. Nous les transformons en égouts chimiques où plus rien ne peut vivre, nous tuons les lacs et menaçons les mers et les océans. Nous ne savons plus boire l'eau. Nous inventons l'alcool...

La Terre nous offre l'espace de ses plaines et de ses vallées, l'harmonie de ses horizons, la beauté de ses mille visages admirables. Nous les fuyons et nous entassons dans des agglomérations de béton où nous nous marchons les uns sur les autres en nous haïssant...

La Terre nous offre les trésors minéraux qu'elle a mis des milliards d'années à économiser et réunir dans ses poches secrètes. Nous les épuisons en un demi-siècle...

La Terre nous offre comme source d'énergie la propre chaleur de sa chair. Nous la négligeons et inventons, à la place, une horreur qu'elle s'était bien gardée, elle-même, de fabriquer...

Les hommes sont-ils devenus fous ?

Ou sont-ils seulement conduits par des idiots ?

Fous ? Idiots ? Incompétents ? Bornés ?

On pourrait croire que les hommes qui mènent le monde sont tout cela à la fois, et tous à la fois, si on ne soupçonnait que le pouvoir est en lui-même maléfique et frappe d'aveuglement et d'impuissance ceux qui y accèdent, y fussent-ils parvenus animés d'intelligence et de bonne volonté.

Chefs d'États, économistes, leaders politiques, capitalistes, révolutionnaires, voyez ce qu'ils ont fait depuis cinquante ans : l'humanité est devenue un panier de crabes sanglants occupés à s'entr'arracher les pinces et les yeux et s'entre-dévorer les tripes. Une guerre horrible a ravagé les continents, aux bagnes nazis répondent les bagnes soviétiques, l'énergie nucléaire est d'abord utilisée à raser les villes et exterminer leurs populations, la guerre ne s'éteint quelque part que pour s'allumer ailleurs, les techniques les plus exquises de l'électronique, de l'optique et des ondes permettent d'envoyer tourner autour de la Terre deux mille satellites qui repèrent, photographient, agrandissent et classent les objectifs de la prochaine guerre générale, que personne ne veut et tout le monde prépare, et en attendant laquelle la moitié des peuples meurt de faim tandis que l'autre moitié regorge de tout en gémissant sur son infortune. L'Assemblée des Nations ne construit rien, n'empêche rien, ne peut rien, ne fait rien, que des palabres et des discours. Elle est devenue un mauvais lieu de règlements de comptes où on se tire dessus avec des pistolets à bouchons.

Il n'y a plus de raison nulle part, sauf dans la jeunesse qui refuse d'être raisonnable, mais qui cherche en vain un espoir. Et dans le mouvement « écologiste » qui commence à remuer partout, et à susciter l'étonnement, l'inquiétude et la convoitise des partis tout prêts à l'avaler et à profiter de ses vitamines.

Les écologistes sont précieux parce qu'ils viennent de partout en désordre, dispersés, individuels, mais ont en commun le désir de sauver l'essentiel : l'eau, la terre, l'air, et tout ce qui y nage, vole, court. S'ils ne se laissent pas engluer par les mensonges sucrés de la politique, s'ils évitent la violence qui les déshonore et les discrédite, ils peuvent devenir très vite le grand et puissant rassemblement de défense de l'homme et de ses compagnons vivants. Et obliger, par leur nombre et leur poids électoral, les chefs des partis et les chefs des nations à sortir enfin la tête hors de leurs baquets de confiture verbale, à cesser leurs misérables querelles, à regarder, par-dessus le fourmillement des petits problèmes immédiats, les énormes dangers qui menacent, et à chercher enfin, tous ensemble, les véritables moyens d'y parer.

La géothermie profonde est un de ces moyens. Il en existe peut-être et il en existera certainement d'autres. Si je m'obstine à placer celui-là en premier, c'est parce qu'il me paraît simple, et disponible presque partout et presque tout de suite. Ce qui l'impose à ma pensée, c'est l'évidence, et le bon sens.

La géothermie profonde, c'est si simple...

Si je savais dessiner, je vous ferais quelques petits croquis, mais ils vont se dessiner tout seuls dans votre tête.

Voici la Terre, boule de feu, entourée d'une écorce à la surface de laquelle s'est développée la vie. Au-delà de cette écorce et de l'atmosphère qui l'enveloppe, règne la température du vide, c'est-à-dire environ 273 degrés au-dessous de zéro.

Par suite de la tendance universelle vers l'équilibre des températures et des forces, la Terre essaie de réchauffer le vide, et le vide de refroidir la Terre... La chaleur et le froid vont à la rencontre l'un de l'autre pour s'annuler réciproquement.

Nous sommes entre les deux...

Heureusement protégés du froid par l'atmosphère, et de la chaleur par l'écorce terrestre. Mais dans une situation incontestablement coincée, comme la tranche de jambon entre les deux tranches de mie du croque-monsieur. Pour en sortir, percer la tranche supérieure et affronter la brûlure du froid absolu et l'explosion du vide, il a fallu la curiosité passionnée, inlassable, de l'esprit humain, et son génie inventif, face positive de son génie destructeur. C'est ainsi que la fusée Apollo et la V1 sont sorties du même cerveau. C'est ainsi que les hommes ont fait leur première percée hors du sandwich en même temps qu'ils s'efforçaient de rendre inhabitable leur mince abri du milieu.

Il va falloir maintenant qu'ils percent dans l'autre direction, avec autant de curiosité et de passion, et autant de prudence attentive aux détails.

Il ne s'agit pas, bien entendu, de percer jusqu'au magma, et d'essayer d'aller allumer notre chandelle au feu de l'enfer...

La chaleur qui vient de l'intérieur du globe, et qui cherche à s'échapper dans l'espace, est freinée par l'écorce terrestre qui l'absorbe en partie. A mesure qu'elle avance vers la surface à travers cet obstacle, la quantité de chaleur diminue.

En sens contraire, si, à partir de la surface, on s'avance en direction du centre, à mesure qu'on s'enfonce on rencontre une chaleur grandissante.

On connaît mal la courbe de croissance de cette température. Pour les couches superficielles de l'écorce terrestre, elle est en moyenne d'un degré tous les trente-trois mètres. C'est ce qu'on nomme le « degré géothermique ». Cela fait trois degrés tous les cent mètres. Et 3 300 m pour 100 degrés, température de l'eau bouillante...

Cela est très variable, selon la conformation du terrain. Et tout permet de croire que plus on s'enfonce plus la température augmente rapidement.

Il est à peu près certain qu'il faudrait descendre à moins de 10 000 m pour obtenir ce que les physiciens nomment la température critique de l'eau, c'est-à-dire 374° environ.

Le schéma est simple : on creuse un puits de 10 000 m. On y enfonce un tube en U. Dans une des branches de l'U on injecte de l'eau, par l'autre branche on reçoit de la vapeur surchauffée qui fait tourner une turbine, qui produit de l'électricité...

Les deux sommets du tube sont réunis par une installation de refroidissement qui utilise la chaleur en excès. L'eau redevenue liquide est renvoyée dans les profondeurs. Le système fonctionne en circuit fermé. Pas de pollution thermique. Aucun déchet. Et, une fois l'installation terminée, fourniture indéfinie d'une énergie inépuisable... et gratuite, sauf les frais de fonctionnement de la centrale.

Est-ce que ce n'est pas extraordinairement simple ?

C'est, aussi, **très difficile**.

On n'a jamais effectué de forage aussi profond. Toute la technique est à inventer. Comment fabriquer une tête foreuse qui continue à fonctionner à une telle température sans se transformer en chewing-gum ? Comment la commander ? Comment constituer une paroi résistante ? Comment la mettre en place ?

Le reste, l'usine de surface, c'est l'enfance de l'art.

Si nombreux et compliqués soient-ils, les problèmes posés par le forage ne sont que des problèmes techniques. On peut leur trouver, rapidement, cent solutions pour une. Les Américains de la N.A.S.A. sont en train d'essayer un système. Aux dernières nouvelles, ils semblent avoir obtenu une réussite [1]. En France, un cabinet d'ingénieurs très connu, qui a effectué des travaux dans le monde entier, a déposé un brevet dû à un de ses membres. Celui-ci m'a expliqué lui-même son procédé. C'est à la fois simple et compliqué, mais infiniment moins compliqué qu'une centrale nucléaire. Et une fois cette méthode mise au point, elle permettrait de forer des puits partout, très vite. Je suis persuadé que d'autres cerveaux, s'appliquant à résoudre ces difficultés, trouveraient des dispositifs divers dont on pourrait soit choisir les meilleurs, soit faire une synthèse.

1. Dans un site favorable, au Nouveau-Mexique, ils auraient obtenu et auraient l'intention d'exploiter une température de deux cents degrés à la profondeur de 3 200 m seulement. En France, la société pétrolière ELF a foré (en Aquitaine) jusqu'à 7 000 mètres avec la technique habituelle des pétroliers. Elle avait trouvé une température d'environ deux cent trente degrés. Mais ce n'était pas la chaleur qui l'intéressait...

L'essentiel est de déclencher la recherche et de donner aux inventeurs les moyens d'éprouver leurs idées. En France nous n'avons pas de pétrole... Vous connaissez la chansonnette... On nous invite à économiser la moitié du quart d'un bout de chandelle, mais on laisse se dissiper en vain la formidable quantité d'énergie qui constitue le foyer même de l'humanité. Quatre milliards d'êtres humains la foulent aux pieds. Quelques millions de Français ne pourraient-ils pas se donner la peine d'en recueillir les bienfaits ?

C'est un jeu d'enfant : il suffit d'enfoncer son doigt dans le sable, pour faire un trou...

Ce sera difficile, au début. On essaiera diverses formules de forage, il y aura des échecs décourageants, peut-être des accidents, mais comment ne pas s'obstiner quand on sait que le trésor est là, qu'on ne peut pas passer à côté ?

Lorsque les compagnies pétrolières cherchent un nouveau gisement, elles ne sont jamais sûres de le trouver. Il leur arrive de creuser en vain puits après puits, de trouer une région comme du gruyère sans recevoir en échange de leurs efforts autre chose que de la boue ou quelques bouffées de vents puants. Cela ne les empêche pas de s'élancer avec allégresse vers de nouvelles difficultés, de plus en plus grandes, d'aller percer leurs trous sous les glaces arctiques ou au fond des mers. La chaleur de la Terre, elle, on la trouve partout, en Auvergne, en Bretagne, dans les vignobles du Sud-Ouest, place de la Concorde et aux Deux Magots...

Cela coûtera cher. Oui, l'essai des méthodes, la mise au point et la fabrication du nouveau matériel et des nouveaux matériaux, les échecs avant la réussite, tout cela coûtera cher... Mais certainement moins cher que l'infinie complication des techniques nucléaires de fission, et l'obstination dans les impasses de la fusion. On n'ose pas nous dire combien coûtera en tout la mise en place du programme au plutonium. C'est un budget gigantesque.

Après un premier rodage, au contraire, la mise en place des centrales géothermiques sera relativement bon marché, car la technique est simple. Et la dépense sera faite en vue d'une exploitation indéfinie. Alors que les investissements engagés dans la construction des réacteurs P.W.R. et des surrégénérateurs ne concernent qu'une production obligatoirement limitée dans le temps.

CAR ON SERA BIEN OBLIGÉ D'ARRÊTER LE NUCLÉAIRE.

Si on ne le fait pas en exécution d'un plan précis, on devra le faire dans la hâte et le désordre, sous la pression de la peur engendrée par l'invasion des déchets, ou en catastrophe, APRÈS LE PREMIER ACCIDENT GRAVE.

L'accident se produira inévitablement. Peut-être dans trente ans. Peut-être demain.

Dans l'espoir que ce ne sera pas demain, l'évidence et la prudence commandent de le rendre impossible après-demain.

En éteignant le plus tôt possible le brasier nucléaire.

Puisque nous sommes installés sur un globe d'énergie
Disponible,
Inépuisable,
Omniprésente,
Non polluante ;
Puisque nous pouvons y puiser autant que nous voulons à l'intérieur de l'hexagone français alors que nous dépendons entièrement de l'étranger pour le pétrole et en grande partie pour l'uranium, père du plutonium ;
Puisque nous sommes assurés d'obtenir en l'exploitant :
L'indépendance énergétique,
La sécurité,
La certitude du lendemain,
Et de sérieuses économies,
Pourquoi, mais pourquoi donc, ne l'utilisons-nous pas, ou ne nous préparons-nous pas, en toute hâte, à l'utiliser ?
Il y a peut-être des raisons insaisissables par la

raison, des raisons profondes, cosmiques, venues à travers le subconscient collectif de l'espèce humaine, du mystérieux ordinateur qui équilibre la multitude des courants vitaux pour laisser à chacun ses chances sur la terre. Des raisons peut-être inscrites depuis toujours sur les rubans télégraphiques de nos chromosomes, sous la forme d'ordres à exécuter si certaines conditions se présentaient.

Il se peut qu'à travers l'innocence de ses savants et de ses techniciens, l'humanité, obéissant sans en avoir conscience, prépare les instruments de son quasi-suicide, en exécution des ordres d'équilibre biologique.

Après tout, et avant tout, l'espèce humaine est une espèce animale. Et dans toutes les espèces ce mécanisme est prévu : dès qu'une d'elles dépasse un certain seuil de prolifération, si elle ne peut pas agrandir son domaine, elle se crée à elle-même des conditions d'existence qui la détruisent en partie, parfois presque totalement. Cela va de la simple famine et du dérèglement des naissances, au suicide collectif, comme chez les lemmings de Scandinavie et les bobacs de Sibérie [1].

---

[1]. Chaque année, au mois de mai, les bobacs se réunissent par millions et entreprennent ensemble un voyage de 3 000 km vers l'océan Arctique. A un moment donné, ils traversent le fleuve Iénisséi, en un lieu où il fait plus de 2 km de large, en nageant fort efficacement, à la façon des loutres et sans qu'aucun d'entre eux périsse. Quand ils atteignent l'océan, ils y entrent tranquillement, sans esquisser un seul mouvement, et se noient jusqu'au dernier.. (Voir : *La Faim du Tigre*, de R. Barjavel. Éditions Denoël.)

C'est sans doute une péripétie de cet ordre qui a causé l'anéantissement des grands reptiles du secondaire, dont personne encore n'a pu établir quel avait été le mécanisme.

Est-ce le tour des mammifères humains ?

Il semble, en effet, qu'ils se soient engagés dans la voie d'une prolifération extravagante. Nous sommes actuellement 4 milliards à occuper notre habitat terrestre. Les calculs les plus modérés prévoient que nous serons plus de dix milliards dans moins de quarante ans [1]. A condition qu'un effort mondial, concerté et efficace, soit fait pour freiner la natalité. Sinon, c'est quinze ou peut-être vingt milliards d'êtres humains qui peupleront la Terre de l'an 2020. Or, déjà au nombre de 4 milliards, nous mettons en péril l'équilibre biologique. Nous avons fait disparaître une grande quantité d'espèces et en menaçons plus encore. Nous ne nous mettons à les « protéger » que lorsque nous les avons à peu près anéanties.

On peut prévoir le jour où nous resterons seuls sur la Terre avec nos toutous et nos minets, plus les bêtes d'élevage pour notre nourriture, quelques oiseaux des villes, les insectes et les rats.

C'est là une nouvelle répartition de la vie animale que la nature pourrait peut-être accep-

---

[1]. Lire à ce sujet dans *Le Monde* daté du 6 décembre 1977 les déclarations d'Étienne Beaulieu, professeur de biochimie, président du conseil scientifique de l'Institut national de la santé et de la recherche médicale (INSERM)

ter. Mais nous faisons pis : nous sommes en train de saccager le règne végétal. Nous provoquons la croissance des déserts existants et la naissance de déserts nouveaux, nous détruisons l'humus, stérilisons l'arable, rasons les bosquets et les forêts. La route transamazonienne vient de frapper d'un coup de sabre au ventre la dernière forêt vierge du globe. En exterminant le végétal nous menaçons les bases mêmes de la vie. Encore est-ce là l'œuvre de 4 milliards d'êtres humains seulement. Que sera-ce quand il y en aura trois fois plus ?...

Nous sommes devenus des animaux nuisibles.
Le mécanisme de régulation, tendant à nous empêcher de nuire, s'est peut-être déclenché, frappant d'insanité les esprits dirigeants de la science, de la technique et des États, les poussant à ouvrir la voie de l'autodestruction et à nous y entraîner derrière eux. La guerre ne suffit plus à modérer la croissance de l'espèce humaine. Les spécialistes ont calculé que même une guerre atomique avec des bombes H, des bombes « propres » ne laissant que peu de radiations, et qui ferait cinq cents millions ou un milliard de morts, n'empêcherait pas l'accroissement de l'espèce de se poursuivre au galop et peut-être, au contraire, le stimulerait...

Par contre, le nucléaire civil, en accumulant partout des sources de mort qui dureront pendant des millénaires, peut à la longue réduire l'humanité et même la faire disparaître. La plupart des espèces seront détruites en même temps, mais d'autres traverseront sans dommage l'ère du plutonium, et deviendront la base de départ d'une nouvelle évolution. Après la disparition des grands reptiles et celle des grands mammifères viendra peut-être le temps des grands insectes. L'homme n'est pas obligatoirement la carte suprême de la vie... Celle-ci peut ramasser tout ce qui est sur le tapis, rebattre le jeu, et faire une nouvelle distribution.

L'obstination des pouvoirs à négliger toutes les possibilités d'énergie non nucléaire tient à d'autres raisons, immédiates, et plus facilement décelables. Mais qui ne sont peut-être que les conséquences de celles que je viens de supposer et d'exposer.

D'abord l'argent : le formidable budget du programme nucléaire absorbe toutes les ressources. Il ne reste rien pour les autres recherches et expériences.

Ensuite la spécialisation des esprits : ce budget entretient une classe de scientifiques et de techniciens spécialisés dans le nucléaire, pour qui l'horizon est uniquement nucléaire ; la croissance, nucléaire ; la prospérité, nucléaire ; le salut, nucléaire ; la vérité, nucléaire. Ils occupent tous les grands chemins de la conception et de l'exécution. Ils constituent dans la nation une classe, on pourrait presque dire une espèce à part. Ils se sont fabriqué un univers à eux dont ils détiennent toutes les clés. **Ils ne supportent rien**

d'autre que le nucléaire, et font partager leur mépris de tout le reste aux pouvoirs administratifs et politiques, auxquels ils s'imposent par leur compétence, leur assurance, l'ésotérisme de leur savoir et la puissance dont ils sont les maîtres. Cette suprématie de la classe nucléaire, on la retrouve dans toutes les nations développées, et elle commence à s'installer dans les nations non développées et même chez les producteurs de pétrole. Elle tend à devenir une autorité au-dessus des autorités, maîtresse de nos destinées.

Accuser le « capitalisme » d'être la cause du monopole nucléaire est un réflexe politique un peu simpliste d'élève pas très brillant des cours d'éducation marxiste. Ce que cherche le capitalisme, c'est la fructification de ses capitaux. Il l'obtiendrait aussi bien avec l'installation de la géothermie. Tout est bon pourvu que ça rapporte. L'argent n'a pas de préférence.

D'ailleurs, le bastion, l'armée blindée, le fer de lance du nucléaire en France est l'E.D.F., service nationalisé. Non capitaliste. Mais où dominent en quantités et qualités impressionnantes les ingénieurs et techniciens de tous échelons.

Les hommes au pouvoir, qui viennent de toutes sortes d'écoles, sauf scientifiques, sont heureux de se laisser convaincre par les gros cerveaux du nucléaire, qui apportent une solution immédiate à leur gros souci. Ils s'inquiètent un peu :

— N'y a-t-il pas de danger d'accident ?

— Absolument aucun.
— Et les déchets ?
— On s'en occupe.
— Bon. Merci...

Les voilà rassurés. Peut-être leur reste-t-il quelques doutes. Peut-être, quand même, l'édification de cette forteresse nucléaire n'est-elle pas sans danger pour les générations futures... Eh bien, que le futur se débrouille ! Leur travail, à eux, c'est de faire face au présent...

C'est donc dans leurs soucis présents que nous devons intervenir, si nous n'acceptons pas, nous, individus vivants appartenant à l'espèce humaine, de voir nous-mêmes et celle-ci menacés de destruction, peut-être par un profond besoin d'équilibre de la biosphère mais certainement par l'inconséquence des scientifiques et des techniciens et l'inconscience des politiciens.

Ceux-ci, finalement, restent les maîtres des décisions. Nous pouvons les amener à en prendre qui soient conformes à l'intérêt de la vie. Non en plaidant la cause de cette dernière, ce qui ne ferait que bloquer leur entêtement, mais en leur inspirant des inquiétudes sur leur propre sort.

Bien entendu, il ne s'agit pas de faire appel à la violence et de les menacer de dynamitage ou de kidnapping. Plus que leur vie — ils sont prêts à la sacrifier le cas échéant — leur importe leur place au pouvoir, même s'ils n'y ont posé, ou n'espèrent y poser, que le quart de leur derrière sur un bout maigre de strapontin. Même s'ils savent qu'ils n'iront jamais plus haut que le Palais-Bourbon ou le Luxembourg. Être élu... Ou réélu... Ils n'existent qu'à cette condition. Battus, ils ne sont plus rien. Ils deviennent moins qu'un citoyen ordinaire. A eux s'attache la flétrissure du vaincu. L'élu est un morceau de la gloire solaire. Le battu est une ombre sur du gris.

Cette gloire, c'est nous, électeurs, qui la leur accordons ou la leur refusons. Mais nous ne savons jamais pourquoi. Notre choix n'est ni personnel ni libre. Nous sommes aspirés et emportés par les idéologies et les courants politiques, brutalisés par les propagandes des partis, hypnotisés par leurs batailles, subjugués par leurs vedettes qui emplissent nos écrans. On nous promet le bonheur, la justice, la santé, le beurre sur le pain et la confiture sur le beurre. Tout va mal, tout ira bien. Le coupable, c'est celui d'en face. Viens chez moi, il y a du feu. Comment résister à cette retape, aux moyens formidables dont elle dispose à la télévision, dans les radios et tous les journaux ? Comment ne pas croire ? Comment ne pas espérer ? Comment ne pas craindre ? On ne nous laisse aucun temps de réflexion, on nous prend le poignet, on nous entraîne, nous voici derrière les rideaux, nous préparons notre petite affaire, nous nous approchons, nous tendons vers la grosse urne-ovule notre minuscule bulletin-spermatozoïde. Elle l'avale. Clop ! C'est fait... « A voté !... » Ça a duré une seconde. Vous êtes un peu fier, un peu hébété. Vous commencez à éprouver une sorte de honte, de regret. Vous ne savez pas très bien ce que vous venez de faire. Est-ce que c'était réussi ? Est-ce que vous auriez pu faire mieux ?

Oui, maintenant nous pouvons faire mieux. Maintenant, nous pouvons savoir pour quoi et pour qui nous votons : non pour un tel ou pour tel autre, non pour une idée rouge ou une idée blanche, mais pour la vie de chacun de nous, et de tous.
Maintenant nous pouvons sourire des propagandes, écouter avec sang-froid les pour et les contre. Maintenant nous avons notre point de vue personnel, très important et très simple. Nous ne pouvons pas nous tromper :
Il ne s'agit plus de choisir telle ou telle façon de vivre. Il s'agit, d'abord, de choisir de vivre.
Mais ce choix, comment le faire accepter par ceux qui veulent nous en imposer un autre ?

Nous sommes tous des « écologistes » sans le savoir, parce que nous voulons vivre et que nos enfants vivent. Et nous sommes électeurs. C'est en tant qu'électeurs que nous devons mener et pouvons gagner la bataille, et non avec des pains de plastic. La violence est plus qu'inefficace : elle est stupide. Elle jette la suspicion sur le grand élan que couvre le mot vague d'écologistes et empêche des quantités de gens sensés d'apporter à ce mouvement leur sympathie et leur action. Au point qu'on peut se demander si parmi les jeunes naïfs ou imbéciles sanglants toujours prêts à faire péter n'importe quoi n'importe où et leur tête avec, n'agit pas un bon quarteron de provocateurs prudents, à la solde de quelque parti ou d'une administration policière, afin de discréditer cette puissante pulsion vitale qui vient bousculer les jeux politiques, jeter le trouble dans les pourcentages, et l'angoisse dans l'âme des élus et des postulants.

Un autre écueil à éviter est la séduction des

partis. Tout électeur qui se laisse embrigader perd son propre poids et son individualité pour ne devenir qu'une brique dans un mur. Le mouvement de défense de la vie ne peut peser sur les partis qu'en refusant de s'y intégrer, en faisant masse en dehors d'eux.

Chaque organisation politique louche vers les voix « écologistes » et essaie de les aspirer par le moyen de promesses vagues, aux objectifs parcellaires. On se proclame « profondément attaché » à la « qualité de la vie » et à la « défense de l'environnement ». Ces deux expressions, dont on nous rebat les oreilles jusqu'à nous donner envie de nous les boucher, sont devenues les deux tartes à la crème — mamelles de la France électorale. En remettant un fanion à un groupe de scouts qui a planté des fleurs autour d'une décharge publique, on prononce un discours sur la nécessité d'un équilibre entre l'homme et la nature. On envisage même, en prenant un air grave, de réfléchir aux problèmes posés par l'énergie nucléaire. On est ouvert à toutes les suggestions. « Votez pour nous d'abord, ensuite vous verrez... »

Non. La seule tactique efficace, c'est de voter **après**.

Il y a toujours un scrutin à l'horizon. A peine l'urne a-t-elle mis au monde un parlement ou un président, que la voilà de nouveau bâillante, prête à se faire encore une fois ensemencer. Nous devons profiter de cette porte ouverte.

En votant massivement au premier tour pour les « écologistes » de toutes tendances et de toutes étiquettes. Peu importe qui ils sont et quels sont leurs objectifs. L'important est de montrer que nous sommes nombreux et que nous allons être très nombreux à ne plus supporter la vanité des guignolades politiques qui nous conduisent au désastre. Il ne s'agit plus de se disputer ou de rêver mais de voir le danger et d'y faire face.

Et nous voterons au second tour pour le ou les partis ou candidats qui adopteront un plan d'urgence de remplacement de l'énergie nucléaire.

Ce plan, il peut, dans ses grandes lignes, être dressé rapidement.

Il faut qu'il le soit, vite.

Il est souhaitable que tous ceux qui sont conscients du danger, qui ont déjà commencé d'agir en groupant autour d'eux des bonnes volontés pour la défense de l'homme et de la Terre, des océans et de l'air pur, des oiseaux et de toutes les bêtes, ou simplement d'une rivière ou d'un paysage rural ou urbain, tous ceux qui, dans la défense de la vie, se sont déjà portés aux remparts pour essayer de colmater une brèche ou d'empêcher qu'il en soit pratiqué de nouvelles, que tous ceux-là prennent contact, se réunissent et entre eux, établissent ensemble un

PLAN VERT

Ce plan, laissant de côté leurs différences, devra faire ressortir leur souci commun, qui est aussi celui, même inconscient, de la majorité des Français : **comment bannir le nucléaire ?**

Il devra dresser, en quelques paragraphes très clairs, un programme impératif à proposer, et imposer par la voie électorale, aux gens qui sont au pouvoir ou à ceux qui désirent s'y installer.

Ce programme doit être **positif.** Les « écologistes » n'ont eu jusqu'ici, en face du nucléaire, qu'une action négative. On manifeste, on se rassemble, on marche, on s'oppose à..., on favorise sans le vouloir la violence hystérique, on ne réussit qu'à justifier la répression, à inspirer aux gens mal renseignés la même réprobation que le terrorisme, et à les faire opter pour la solidité établie : celle des centrales en béton trapu et des gendarmes qui les défendent.

Ce programme ne doit pas être **utopique.** L'arrêt définitif du programme nucléaire, s'il n'y a rien pour le remplacer, alors que le pétrole peut manquer brusquement, est une proposition non seulement utopique mais **dangereuse,** qu'aucun gouvernement responsable, de l'extrême droite à l'extrême gauche, ne peut adopter. Notre civilisation vit du sang de l'énergie. En interrompre le cours la détruirait. On peut souhaiter le remplacement de cette forme de société, mais il doit être, dans ce cas, progressif. Une chute brutale ferait des millions de morts et amènerait, non pas une forme de société idéale, mais une barbarie sauvage.

L'arrêt momentané de la construction des centrales, « pour réfléchir », est **utopique** car après réflexion on reprendra leur édification là où on l'avait interrompue, et **dangereux** car on aura perdu du temps en bla-bla et en attitudes, alors qu'il faut aller plus vite que le danger.

 Il ne faut plus perdre un jour, il faut que toutes les bonnes volontés se réunissent au plus tôt pour agir. S'il n'est pas possible de convoquer des sortes d'**ÉTATS GÉNÉRAUX DE LA VIE,** qu'il y ait au moins des réunions restreintes mais ouvertes à tous, où chacun apportera ses propositions et sera prêt, soit à les faire adopter, soit à y renoncer après avoir parlé et écouté avec le seul désir de rendre efficace l'essentiel. Mes propositions à moi, les voici.

PROPOSITIONS POUR UN PLAN VERT

Un programme sera établi, présenté au Président de la République, et communiqué à tous les ministres, députés, sénateurs, chefs de partis, candidats aux élections de tous bords et toutes nuances. On demandera à chacun de prendre position nettement pour ou contre ce programme. Et, s'il est pour, de s'engager à le présenter et le défendre au Parlement, pour le faire adopter par le gouvernement. Il sera alors assuré de nos voix pour son élection ou sa réélection. S'il est contre, nous serons contre lui.

Une version élargie de ce programme sera élaborée et présentée dans les mêmes conditions aux élus ou candidats français au Parlement européen.

Ce n'est pas un programme d'idées, mais, en

dehors de toutes tendances politiques, ou plutôt au-dessus, un programme d'action gouvernementale immédiate.

Ses principales dispositions sont les suivantes :

1. Le gouvernement reconnaît que le recours à l'énergie nucléaire présente des dangers prévisibles et des dangers imprévisibles et s'engage à renoncer dans le plus bref délai à son utilisation, momentanément inévitable.

2. Il s'engage à mettre en route immédiatement, avec tous les moyens nécessaires, la recherche et le développement des énergies de remplacement.

3. Il crée à cet effet un ministère des Énergies et Industries nouvelles dont les dépenses et les projets auront priorité sur ceux de tous les autres ministères.

4. Ce ministère est un ministère d'action. Il ne se borne pas à proposer et administrer, mais suscite les initiatives, s'engage dans tous les domaines de la recherche le concernant, fait procéder à des essais, adopte les systèmes efficaces, passe aussitôt au stade de la réalisation et crée ou favorise la création des industries nécessaires à cette réalisation, ou qui en découlent.

5. Les ressources considérables nécessaires à son fonctionnement ne devront pas constituer des charges supplémentaires pour la nation. Elles seront trouvées de diverses façons, dont celles-ci :

a) Chaque ministère lui rétrocédera un pourcentage de son budget, pourcentage égal pour tous, fixé au départ à 10 %, et qui pourra augmenter selon ses besoins. Il est certes très important de construire des chemins de fer, des avions, des autoroutes, des lycées, des bibliothèques, des téléphones, des hôpitaux, des maisons de la culture, etc., pour le bien-être des citoyens, mais il est plus important encore de conserver ceux-ci en vie, afin qu'ils aient la possibilité de les utiliser. D'autre part, les ministres obligés d'amputer leur budget commenceront, dans leur propre domaine, à faire la chasse aux dépenses inutiles, ce à quoi aucun autre moyen n'aurait pu les obliger ;

b) lorsque l'implantation régionale d'une centrale à énergie nouvelle ou d'une nouvelle industrie sera décidée, les collectivités régionales et locales seront appelées à y collaborer financièrement, de même qu'elles collaboreront à son établissement, sa direction et sa gestion ;

c) des emprunts régionaux et nationaux seront émis : leurs souscripteurs deviendront, du fait de leur souscription, des actionnaires des sociétés nationales ou privées chargées d'édifier et exploiter les énergies et industries nouvelles.

6. Toutes les dépenses du nucléaire seront révisées. On les rendra raisonnables sans mettre en péril le programme immédiat. Le montant des économies ainsi réalisées sera affecté au nouveau ministère.

7. Une délégation spéciale de la Cour des

Comptes veillera sans interruption à ce que ces ressources ne soient pas détournées vers des trous à combler dans d'autres secteurs du budget général, et soient utilisées efficacement et sans gaspillage inutile. Dans le domaine de la recherche, ce qui pourra paraître du gaspillage sera parfois nécessaire. Mais ce devra être un gaspillage utile. Par exemple la mise à l'épreuve de procédés nouveaux paraissant à première vue impossibles ou invraisemblables. Tout devra être essayé, qui apporte un espoir de ressources énergétiques, importantes ou moins importantes. La multiplication et la pluralité des sources d'énergie n'est pas incompatible avec un effort principal centré sur celle qui paraîtra la plus intéressante. Et cette pluralité favorisera la dispersion des unités de production et d'habitation.

8. Le ministre sera assisté d'un conseil consultatif qu'il convoquera à volonté et qui comprendra des scientifiques, des techniciens, des chefs d'industries, des chefs syndicalistes, des représentants d'E.D.F. et du programme nucléaire. Il ne s'agit pas, en effet, de partir en guerre contre ceux qui se consacrent à l'édification des B.W.R. et des surrégénérateurs, mais au contraire de faire appel à leur intelligence et à leur savoir, comme à ceux de tous les Français capables d'apporter leur concours à la recherche.

9. Le nouveau ministère ayant besoin d'une administration et d'un personnel, pour éviter les pertes de temps et les dépenses qu'entraîneraient

leur création et leur mise en place, le gouvernement met à la disposition du nouveau ministre une administration et un personnel qui existent déjà, qui sont efficaces et disciplinés et qui, par bonheur, sont actuellement inutilisés : l'administration et le personnel militaires.

Les officiers, sous-officiers et soldats de métier qui ont la pénible sensation d'être des mal-aimés, mis à l'écart de la Nation en attendant une action éventuelle dont tout le monde souhaite qu'elle n'ait jamais lieu, trouveront là une tâche exaltante et positive, puisqu'il s'agira pour eux de collaborer à la construction de l'avenir de leur pays et du monde. Et les jeunes appelés, à qui on confiera non plus des armes mais des outils pour travailler sur les chantiers des centrales nouvelles, n'auront plus l'impression déprimante de perdre une partie précieuse du temps de leur jeunesse puisqu'ils travailleront à édifier leurs propres lendemains.

10. Tous les contrats passés avec des sociétés ou des gouvernements étrangers pour le traitement de leurs déchets atomiques dans les usines françaises de La Hague ou de Marcoule sont annulés.

11. Le ministère des Énergies et Industries nouvelles mettra immédiatement à l'étude la reconversion d'un certain nombre d'industries dont l'existence dépend entièrement du pétrole. L'industrie automobile en est l'exemple le plus évident. Savoir que le pétrole va se raréfier, enchérir, puis manquer, et laisser passivement les capitaux, les intelligences et la main-d'œuvre

s'enliser dans la fabrication de véhicules propulsés par ledit pétrole serait une inconséquence grave pouvant déboucher sur une crise brutale.

Quelles que soient les sources des énergies nouvelles, celles-ci seront transformées, distribuées et utilisées sous forme d'électricité. E.D.F. avait raison de prôner le tout-électrique. D'où qu'elle vienne — même du nucléaire — l'électricité sera la condition de la vie de demain, au domicile, à l'atelier, dans les rues et sur les routes. L'automobile de demain sera donc l'automobile électrique. Elle devrait être dès aujourd'hui prête à prendre la place de son aînée polluante. Des études ont été faites, des prototypes fabriqués. Il faut les améliorer ou en réaliser de meilleurs et commencer à construire les premières usines de production. Et rééduquer les cadres et les ouvriers pour que la main-d'œuvre puisse passer progressivement d'une fabrication à l'autre au lieu de se trouver du jour au lendemain sans travail.

12. L'utilisation de l'énergie solaire et de la géothermie de faible profondeur pour le chauffage et la fourniture d'eau chaude aux immeubles d'habitation et de bureaux est désormais obligatoire pour toutes les constructions nouvelles. La fabrication des éléments de ces installations (panneaux solaires, échangeurs, canalisations, etc.) sera standardisée et entreprise en grandes quantités afin d'abaisser leur prix de revient.

13. Priorité est donnée aux recherches et travaux concernant la géothermie profonde, celle-ci

étant, dans l'état actuel des connaissances et de la technique, la seule source d'énergie nouvelle susceptible de faire face à tous nos besoins et de nous assurer l'indépendance énergétique dans le délai le plus court.

Cette priorité peut être accordée sans arrière-pensée, même si, par la suite, l'utilisation d'autres sources d'énergie, comme la fusion nucléaire, l'hydrogène-carburant, l'énergie diffuse, l'énergie des marées, etc., étaient mises au point. La chaleur profonde de la Terre, en effet, ne sera jamais épuisée, comme le seront le charbon ou le pétrole, et son utilisation jamais démodée, pas plus que ne l'est celle de la houille blanche.

14. Le programme des énergies nouvelles tournera résolument le dos à la politique des centrales géantes produisant des quantités colossales d'électricité qui sont ensuite distribuées à travers tout le territoire.

Ces grandes centrales interconnectées ont un inconvénient majeur : elles favorisent les concentrations d'industries et de peuplement et sont génératrices de groupements urbains géants, inhumains, monstrueux. En arrosant par exemple la région parisienne elles y font pousser partout des usines et des villes-dortoirs à un rythme tel que déjà plus du quart de la population française habite dans un rayon de cent kilomètres autour de l'Obélisque. Et y habite mal, dans des conditions qui obligent chaque famille à se disperser tous les matins aux quatre points cardinaux, et chacun de ses morceaux à passer le plus clair de ce qui devrait être son temps de repos et de loisir dans les encombrements de la circulation routière ou les entassements des transports en commun.

Quelques grandes centrales resteront nécessaires, mais la plupart des centrales d'énergie nouvelle seront dispersées à travers tout le territoire, et leur puissance sera modérée. Chacune deviendra le cœur d'un ensemble d'habitation et de production à l'échelle humaine, l'usine ou le bureau étant accessible à pied ou à bicyclette, et les maisons disposées parmi les arbres autour d'un centre commun. On ne peut pas revenir à la civilisation du village rural, mais on peut créer celle du bourg de production, groupé autour de la source d'énergie qui le fait vivre, et s'organisant peu à peu comme un corps vivant.

La main-d'œuvre entassée dans les cancers de béton des grandes villes coulera peu à peu vers ces nouvelles unités humaines où elle trouvera enfin le temps de vivre. La population des grandes cités retournera à une densité supportable. Ne se marchant plus les uns sur les autres on cessera de se haïr.

Les cités-dortoirs désertées resteront, comme les centrales nucléaires désaffectées, les témoins d'erreurs passées qui auraient pu être fatales.

15. Une information sans mensonges de propagande, présentant les faits de façon claire et ne refusant pas la discussion, sera faite dans les établissements scolaires sur les problèmes des

énergies nouvelles, pour préparer la jeunesse aux changements nécessaires et l'inciter à se diriger vers les nombreux débouchés offerts par les nouvelles industries.

16. Le présent programme, élargi à l'échelle européenne, sera soumis au Parlement européen par les représentants de la France qui y siègent ou y siégeront. Une action internationale dans ce sens, partant de la France et passant par l'Europe, sera proposée aux nations du monde entier. Seule une action mondiale peut écarter tout danger nucléaire et, après avoir stoppé le nucléaire civil, neutraliser peut-être le nucléaire militaire. Il faut que quelqu'un commence. Nous vous proposons, Messieurs les Français, de tirer les premiers.

Ce plan pourra être modifié et complété par d'autres propositions, mais il comprend l'essentiel. Malgré les quelques paillettes d'humour que je n'ai pu m'empêcher d'y laisser tomber, il est sérieux et réaliste, et pas le moins du monde utopique. Les utopistes, ce sont ceux qui croient ou font semblant de croire qu'ils pourront éternellement, sans aucun incident, tenir le plutonium enchaîné. Et qui, ne voyant ni même n'entrevoyant aucune possibilité de solution au problème débordant des déchets, espèrent que quelqu'un la trouvera dans l'avenir.

On ne gagne jamais à prendre le diable à son service. L'utopie c'est de croire qu'on sera toujours plus fort que lui.

Ce plan est nécessaire et urgent. S'il prévoit, en son paragraphe I, la reconnaissance par le gouvernement du danger du nucléaire, c'est qu'elle est indispensable pour engager vraiment le gouvernement dans la voie du remplacement de l'énergie atomique.

Et pour y engager aussi la nation. Malgré leur

scepticisme goguenard et traditionnel envers toute action gouvernementale, les Français, finalement, ne croient que les vérités proclamées par le pouvoir, même s'ils le contestent. Ils ont appris à l'école à croire ce que dit le professeur, même quand ils le chahutaient. La vérité **vraie** sur le nucléaire doit leur venir d'en haut.

Je ne suis pas un financier. Le pourcentage de 10 % prévu au paragraphe du financement serait à réviser par des experts. Cela me semble un minimum. Le budget de la défense nationale n'absorbe-t-il pas 20 ou 25 % du budget total ? Or les ennemis contre lesquels ce plan doit nous défendre, la disette d'énergie ou l'engagement définitif dans la voie de l'énergie nucléaire, sont susceptibles de faire plus de dégâts et de victimes qu'une guerre.

Pour la surveillance des finances du nouveau ministère, sans doute devrait-on faire assister la délégation de la Cour des Comptes par un comité de personnages indépendants, n'appartenant ni aux assemblées ni aux pouvoirs. La moitié de ses membres devraient être des femmes, car elles ont l'œil vif pour tout ce qui concerne l'argent.

Mais cette supervision des rouages du système par des gens n'en faisant pas partie serait très difficile à faire accepter par le gouvernement, le Parlement, et l'administration.

Le plan tout entier lui-même, celui-là ou un autre qui lui ressemble, sera difficile à faire admettre. Le poids énorme des centrales, de leurs masses gigantesques de béton et de milliards résiste de toute son inertie et écrase l'avenir. Dans ces forteresses se fabrique un danger de mort qui durera cent mille ans. Mille siècles. Et toutes les ressources et les autorités officielles et techniques le nourrissent et le défendent. N'est-ce pas un rêve de penser que nous pourrons le combattre et peut-être le vaincre ?

Non : il suffit que vous, les vivants, soyez assez nombreux à prendre conscience de la vérité, et à vouloir vivre et que vos enfants vivent. Mille siècles de mort vous guettent et les guettent. Cent mille ans de plutonium aux aguets...

Vos volontés, animées par la toute-puissance de l'instinct de survie, doivent être capables d'arrêter un cataclysme préparé par d'autres volontés humaines, déviées du raisonnable.

Vous devez, par votre seule conviction, créer **un front de la vie,** non un rassemblement organisé, avec des chefs et des états-majors, et qui serait aussitôt gobé par la politique, mais une grande masse profonde de vivants décidés, sans frontière de gauche ou de droite, présente dans toutes les dimensions et classes de la Société, absente quand les partis font l'appel de leurs troupes, mais prête, à chaque occasion, à faire sentir pacifiquement son poids, et surgissant à chaque scrutin pour faire la décision. Vous devez devenir **les électeurs de la vie !**

Nous nous plaisons à la dangereuse illusion qu'il n'y a rien de changé à la surface du globe, notre attention étant toute absorbée par les jeux et transformations politiques plus ou moins convulsifs mais habituels, et par les premiers symptômes de la crise énergétique : inflation, chômage, que nous attribuons à de vagues causes économiques, avec la confiance que, dans un délai plus ou moins long, ça va s'arranger. Nos soucis restent les mêmes : les bourgeois espèrent rester bourgeois et les non-bourgeois devenir bourgeois. Toutes les révolutions, évolutions et réactions tendent à cela, quelles que soient les éloquences. La sécurité et le confort quotidiens pour lui et pour les siens, et pour le voisin s'il en reste, sont les objectifs de chacun. Or la crise énergétique risque d'arriver comme un séisme et de réduire la maison en miettes, ou d'y mettre le feu pour une éternité. Les pouvoirs et la technique font face au désastre possible en proposant une catastrophe éventuelle. C'est à vous de vous évader de cette alternative absurde en faisant connaître à vos élus que vous n'êtes pas résignés. Et en leur imposant d'obtenir du gouvernement la recherche immédiate de la troisième voie, celle des énergies nouvelles.

Elle est simple, elle est évidente, il suffit de s'y engager franchement, avec tous les moyens, et d'accélérer...

Imaginez maintenant ce qui se passera quand vous aurez réussi. Regardez derrière et devant vous, comme un voyageur qui vient de franchir une gorge où il a failli recevoir la montagne sur la tête.

Tout danger est écarté. L'horizon s'ouvre à vos yeux, et un large chemin à vos pas. Les énergies nouvelles, non polluantes, sont implantées partout en unités modérées. Autour d'elles, les hommes se sont regroupés pour vivre à l'aise, sans entassement ni hâte, au milieu de la nature protégée. Les nouvelles industries nées des nouvelles techniques ont fait une large place à l'artisanat et à l'initiative personnelle. Le travail manuel a retrouvé sa noblesse en redevenant créateur. Les machines libèrent l'homme des tâches absurdes au lieu de le contraindre à n'être qu'une partie d'elles-mêmes. Le perfectionnement de l'automation, une meilleure répartition du revenu national, ont permis la réduction des heures de travail, en augmentant les revenus des travailleurs de tous échelons.

En de nombreux points du territoire subsistent les masses énormes des anciennes centrales nucléaires désaffectées, mais qui restent dangereuses, car leur cœur est imprégné des radiations mortelles. On les neutralise une à une, mais cela coûte très cher, et la neutralisation reste imparfaite. Nous qui avons reçu des Grecs, des Égyptiens, des Romains, des Sumériens, des Aztèques, des Incas, des Mayas, des ruines sublimes que nous visitons avec étonnement et vénération, nous allons laisser aux peuples du futur des blockhaus sinistres portant sur leur fronton une inscription éternelle, qu'il faudra renouveler à mesure que les langues évolueront : « Défense d'entrer ». Pendant mille siècles...

Après une difficile mais calme période de transition d'une énergie à l'autre, qui s'est accompagnée de restrictions momentanées, la croissance de la production a repris et s'accélère, rendue indispensable par la nécessité de faire face aux besoins de la population nationale et mondiale, qui augmente sans cesse. Une entente internationale, de nouveaux moyens anticonceptionnels, médicaux et psychiques ont permis de limiter partout le nombre d'enfants à deux par ménage. Cela semble suffisant pour arrêter la croissance de la population. En réalité, ça ne l'est pas. Il naît des humains à chaque minute, et il en meurt à chaque instant, de tous âges, depuis le nourrisson jusqu'au phénomène andin de

140 ans. Mais la durée moyenne de la vie humaine est de 60 ans. Pendant ces soixante ans, deux générations nouvelles vont voir le jour. 4 milliards d'hommes et de femmes nouveaux sont venus, avant la fin du siècle, s'ajouter aux 4 milliards de 1976. Il y en aura 4 milliards de plus avant l'année 2020. Et quand l'homme de 60 ans mourra, en 2040, une troisième génération sera en train de naître. Les deux enfants par couple, qui semblent assurer seulement le remplacement de leurs parents, sont en réalité un facteur d'accroissement inévitable. Il va falloir réduire ce nombre à un enfant par famille pendant plusieurs générations, pour donner un coup de frein à la vertigineuse accélération démographique. En attendant que...

Avec la géothermie, qui a permis de faire surgir en tous les points du globe des sources d'énergie, de donner de l'eau aux déserts, de la chaleur aux terres glaciaires, de rendre habitables et fertiles des quantités de lieux jusqu'alors hostiles à l'homme, une civilisation « douce » et presque paisible s'est installée dans le monde. Mais elle n'est qu'une transition. Après l'accélération fantastique, maladroite et dangereuse du xxe siècle, l'humanité se repose et accumule ses forces pour son élan définitif. Il n'est pas normal, il est contraire à toutes les lois de la vie, de rogner à la base l'expansion d'une espèce par la limitation des naissances. Quand les abeilles sont trop nombreuses dans une ruche, elles n'empêchent pas la reine de pondre : une partie d'entre elles forment un essaim et s'envolent ailleurs pour fonder une nouvelle communauté. Les hommes vont en faire autant...

D'autres procédés pour obtenir une énergie inépuisable ont été mis au point après la géothermie. La fusion nucléaire, la transformation directe de l'énergie universelle, la maîtrise de la gravitation, entre autres. Ils ont permis l'envol vers les planètes de vaisseaux explorateurs que vont suivre des vaisseaux de peuplement. La Lune, Mars, Vénus peut-être, vont être rendus habitables. Puis l'homme sortira du système solaire et poursuivra son voyage plus loin, vers les étoiles...

Einstein et ses disciples prétendaient que c'était impossible : les véhicules de l'homme ne pourraient jamais dépasser la vitesse de la lumière, ce qui rendait la durée des voyages lointains inhumaine. Cet obstacle s'est effacé. Les prochains navires sidéraux pourront accélérer sans se soucier des lois de la relativité. A une vérité scientifique succède toujours une autre vérité qui, en même temps, l'utilise et la rend caduque. L'esprit humain se refusait à accepter qu'il y eût une borne spatiale ou temporelle à son expansion. Il a inventé le moyen de la franchir. Il aurait pu en inventer cent.

Les romanciers de science-fiction avaient prévu cela depuis longtemps. L'imagination a toujours précédé la réalité. Jules Verne et Wells ont envoyé des hommes sur la Lune avant von Braun. Là où va son imagination, l'homme suit. Il ira au bout de l'espace s'il ne se coupe pas lui-même la gorge en route. Il a failli le faire à la fin du xxe siècle. Son instinct vital l'a sauvé. La Terre est une graine qui a failli périr desséchée et brûlée. Les vivants qui voulaient vivre l'ont sauvée. Elle est en train de germer. Nos enfants innombrables vont quitter la ruche natale devenue trop petite. Des millions de mondes les attendent, peut-être vides, peut-être déjà habités par d'autres êtres intelligents. Dieu, alors, le nôtre et le leur, Dieu veuille qu'ils aillent à la rencontre les uns des autres avec, dans leurs mains, l'olivier et la rose.

FIN

Collection « Lettre ouverte »

René Andrieu
Lettre ouverte à ceux qui se réclament du socialisme
Christine Arnothy
Lettre ouverte aux rois nus
Robert Aron
Lettre ouverte à l'Église de France
Yvan Audouard
Lettre ouverte aux cons
René Barjavel
Lettre ouverte aux vivants qui veulent le rester
André Bergeron
Lettre ouverte à un syndiqué
Pierre de Boisdeffre
Lettre ouverte aux hommes de gauche
Gaston Bouthoul
Lettre ouverte aux pacifistes
Philippe Bouvard
Lettre ouverte aux marchands du Temple
R.-L. Bruckberger
Lettre ouverte à Jésus-Christ
Jean Cau
Lettre ouverte aux têtes de chiens occidentaux
Lettre ouverte à tout Le Monde

Gilbert Cesbron
Lettre ouverte à une jeune fille morte
François Chalais
Lettre ouverte aux pornographes
Salvador Dali
Lettre ouverte à Salvador Dali
Pierre Démeron
Lettre ouverte aux hétérosexuels
Roland Dorgelès
Lettre ouverte à un milliardaire
Maurice Duverger
Lettre ouverte aux socialistes
Georges Elgozy
Lettre ouverte à un jeune technocrate
Robert Escarpit
Lettre ouverte à Dieu
Lettre ouverte au diable
Alfred Fabre-Luce
Lettre ouverte aux chrétiens
Jean Ferré
Lettre ouverte à un amateur d'art
Jean Fougère
Lettre ouverte à un satyre
Jean Fourastié
Lettre ouverte à quatre milliards d'hommes
Maurice Garçon
Lettre ouverte à la Justice
Jean Grandmougin
Lettre ouverte au ministre de l'Information
Paul Guth
Lettre ouverte aux idoles

Roger Ikor
Lettre ouverte aux Juifs
Lettre ouverte à de gentils terroristes
Michel Jobert
Lettre ouverte aux femmes politiques
Robert Laffont
Lettre ouverte aux Français d'un Occitan
Jean Lartéguy
Lettre ouverte aux bonnes femmes
Jacques Laurent
Lettre ouverte aux étudiants
André Maurois
Lettre ouverte à un jeune homme
Henri Modiano
Lettre ouverte aux gaullistes trahis
François Nourissier
Lettre ouverte à Jacques Chirac
Françoise Parturier
Lettre ouverte aux hommes
Lettre ouverte aux femmes
Louis Pauwels
Lettre ouverte aux gens heureux
Jean-François Revel
Lettre ouverte à la droite
Jules Romains
Lettre ouverte contre une vaste conspiration
Denis de Rougemont
Lettre ouverte aux Européens
Albert Simonin
Lettre ouverte aux voyous

André Soubiran
Lettre ouverte à une femme d'aujourd'hui
Robert Soupault
Lettre ouverte à un malade en colère
Jacques Soustelle
Lettre ouverte aux victimes de la décolonisation
Jacques Sternberg
Lettre ouverte aux Terriens
Georges Suffert
Lettre ouverte aux gens de vingt ans à qui l'on ment
Paul Vialar
Lettre ouverte à un jeune sportif
Pierre Viansson-Ponté
Lettre ouverte aux hommes politiques
Gérard Zwang
Lettre ouverte aux mal baisants

*La composition de ce livre
a été effectuée par Bussière à Saint-Amand,
l'impression et le brochage ont été effectués
sur presse CAMERON
dans les ateliers de la S.E.P.C. à Saint-Amand-Montrond (Cher)
pour les Éditions Albin Michel*

AM

*Achevé d'imprimer le 18 janvier 1978
N° d'édition 6120. N° d'impression 1913-647
Dépôt légal 1er trimestre 1978*

Imprimé en France

Imprimé en France